TRAUNER VERLAG
BILDUNG
Bildung, die begeistert!

Personalverrechnung für das Gewerbe

REINHARD AUINGER
KURT PECHER
MARKUS STREIF
GÜNTER TYSZAK

+ TRAUNER-DigiBox

Stand 01. 01. 2024

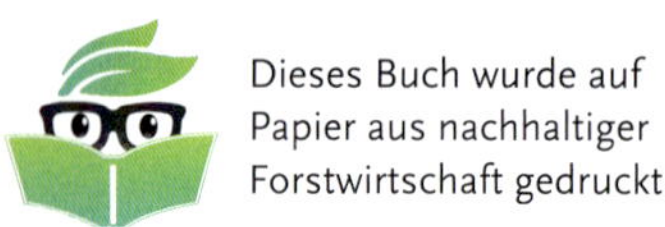

Dieses Buch wurde auf Papier aus nachhaltiger Forstwirtschaft gedruckt.

Impressum

Auinger u. a., Personalverrechnung für das Gewerbe

5. Auflage 2024
Schulbuch-Nr. 190.778
TRAUNER Verlag, Linz

Die Autoren

DIPL.-PÄD. ING. REINHARD AUINGER, BED
Lehrer an der Berufsschule 8, Linz

OSR KURT PECHER
Berufsschuldirektor i. R.

DIPL. PÄD. MARKUS Streif, BED
Direktor-Stv. an der Berufsschule Vöcklabruck-Gmunden

BOL DIPL.-PÄD. SR GÜNTER TYSZAK
Lehrer i. R. an der Berufsschule Vöcklabruck-Gmunden

Approbiert für den Unterrichtsgebrauch

- an Berufsschulen für Gewerbeberufe, im Unterrichtsgegenstand Angewandte Wirtschaftslehre; Bundesministerium für Bildung, Wissenschaft und Forschung 5.048/0032-IT/3/2018 vom 16. Oktober 2018. Die Approbation bezieht sich ausschließlich auf das gedruckte Buch.

Die Inhalte entsprechen dem vorgeschriebenen Kompetenzraster laut Bildungsstandards und sind laut Lehrplan zu vermitteln. Eine Auswahl bzw. Gewichtung ist nur innerhalb einzelner Kapitel (Beispiele bzw. Vertiefungsangebote) gewährleistet, nicht jedoch dürfen lt. Ministerium einzelne Kapitel oder Kompetenzbereiche ausgelassen werden.

Liebe Schülerin, lieber Schüler,
Sie bekommen dieses Schulbuch von der Republik Österreich für Ihre Ausbildung. Bücher helfen nicht nur beim Lernen, sondern sind auch Freunde fürs Leben.

Lektorat/Produktmanagement:
Mag. Barbara Widmann
Grafik und Gestaltung: Teresa Foissner
Titelgestaltung: Bettina Victor
Cover- und Layoutentwurf:
Kiska GmbH, 5081 Anif-Salzburg,
www.kiska.com
Schulbuchvergütung/Bildrechte:
© Bildrecht GmbH/Wien
Gesamtherstellung:
Vorarlberger Verlagsanstalt GmbH
Schwefel 81, 6850 Dornbirn

ISBN 978-3-99151-362-9
Schulbuch-Nr. 190.778

www.trauner.at

Ziele und Aufbau des Buches

Dieses Buch soll Ihnen helfen, Ihre Kenntnisse auf dem Gebiet der Personalverrechnung zu vertiefen. Sie erleben aktiv, wie die Personalverrechnung im Gewerbe abgewickelt wird und welche Besonderheiten zu beachten sind.

Durch die abwechslungsreiche und klare Aufbereitung der Inhalte wird dem Ablauf Struktur gegeben. Praxisbezogene und ansprechende Beispiele ermöglichen Ihnen, ein noch besseres Verständnis für die Thematik zu erlangen.

Wesentliche Elemente und verwendete Symbole

Die Ziele am Anfang jedes Kapitels sollen Ihnen zeigen, was Sie nach Bearbeitung können sollen. Sie sind mit den Farben Blau, Rot, Schwarz nach der Kompetenzstufe gekennzeichnet.

Meine Ziele

KOMPETENZ-ERWERB

Nach Bearbeitung dieses Kapitels kann ich

- die gelernten Fachinhalte wiedergeben;
- die gelernten Fachinhalte verstehen;
- erworbenes Wissen anwenden.

Zur Erarbeitung der Kenntnisse und Fertigkeiten sowie zur **Kontrolle des Lernerfolgs** stehen den Lehrenden und Lernenden WissensChecks, Übungen und Abschlusstests („Ziele erreicht?") zur Verfügung.

WissensChecks, Übungen, Ziele erreicht?

Die WissensChecks, Übungen und „Ziele erreicht?"-Aufgaben sind ebenfalls nach dem **Kompetenzmodell** mit den Farben Blau, Rot, Schwarz **gekennzeichnet.** So unterscheidet man zwischen Aufgaben, bei denen die Schüler/innen

- die gelernten Fachinhalte wiedergeben;
- die gelernten Fachinhalte verstehen;
- erworbenes Wissen anwenden.

Da die Förderung sozialer und personaler Kompetenzen als Querschnittsaufgabe gesehen werden sollte, die sich auf den gesamten Schulalltag und die gesamte Schule bezieht, sind in unseren Büchern verschiedenste Unterrichtsmethoden integriert, die die **sozialen und personalen Kompetenzen** fördern (z. B. Diskussionsaufgaben, Gruppenarbeiten).

Wir wünschen Ihnen ein erfolgreiches Arbeiten mit dem Buch!

Die Autoren

WissensChecks können mithilfe der Informationen aus dem Buchtext beantwortet werden.

Übungen erfordern die praktische Umsetzung des Wissens und verlangen zum Teil eigene kreative Lösungsansätze. Sie helfen, die Kenntnisse und Fertigkeiten zu festigen.

„Ziele erreicht? – Aufgaben“ am Ende eines Kapitels ermöglichen den Lernenden, selbst festzustellen, inwieweit sie in ihrem Lernprozess erfolgreich waren. Kreuzen Sie aufgrund der durchgeführten Übungen, Diskussionsaufgaben und Mini-Projekte an, ob Sie die Kompetenzen

- **zur Gänze**
- **überwiegend** oder
- **(noch) nicht ausreichend**

erworben haben. Wiederholen Sie den jeweiligen Lehrstoff im Buch, falls Sie einzelne Ziele noch nicht erreicht haben.

Folgende weitere Piktogramme haben wir zur leichteren Orientierung verwendet:

 Wissenswertes und Tipps

 besonders wichtige Hinweise

 Verknüpfungen zu anderen Kapiteln oder Gegenständen

 für Verweise zu Gesetzen oder für Auszüge aus Gesetzestexten

 für Downloads aus der TRAUNER-DigiBox (www.trauner-digibox.com)

Inhaltsverzeichnis

Personalverrechnung im Gewerbe

Wenn Sie bereits Ihr erstes Lehrlingseinkommen erhalten haben, ist Ihnen bestimmt aufgefallen: Brutto ist nicht gleich netto! Seien Sie also nicht verwundert, wenn der Auszahlungsbetrag nicht mit dem Bruttoentgelt übereinstimmt. Von Ihrem monatlichen Entgelt wird beispielsweise der Sozialversicherungsbeitrag abgezogen.

Wenn Sie später einmal ausgelernt sind und im Beruf voll durchstarten, werden Sie ein Gehalt bzw. einen Lohn bekommen. Wie sich dieses zusammensetzt und welche Berechnungen für die richtige Ermittlung Ihres Auszahlungsbetrages notwendig sind, erfahren Sie in dem folgenden Kapitel.

Sie erhalten auf den folgenden Seiten einen Überblick über die Personalverrechnung im Allgemeinen, wie sich der Auszahlungsbetrag zusammensetzt, welche Besonderheiten es gibt und was es mit der Arbeitnehmerveranlagung auf sich hat.

Einführung in die Personalverrechnung

Die **Personalverrechnung** umfasst die Abrechnung aller Bezüge der in einem Unternehmen beschäftigten Mitarbeiter/innen. Das Aufgabenfeld der Personalverrechnung erstreckt sich vom Beginn eines Arbeitsverhältnisses bis hin zur Beendigung eines Arbeitsverhältnisses. Es gibt zahlreiche Tätigkeiten, die im Rahmen der Personalverrechnung anfallen.

Sie lernen in diesem Kapitel nun die Grundlagen der Personalverrechnung wie Aufgaben, Rechtsvorschriften, Lohnformen etc.

Meine Ziele

Nach Bearbeitung dieses Kapitels kann ich

- die inner- und außerbetrieblichen Aufgaben der Personalverrechnung wiedergeben;
- den Stufenbau der Rechtsvorschriften im Arbeitsrecht beschreiben;
- den Ablauf beim Beginn eines Arbeitsverhältnisses erklären;
- die Unterschiede zwischen Leistungs- und Zeitlohn darstellen;
- einfache Lohnberechnungen für Leistungs- und Zeitlohnformen durchführen.

- Mein persönliches Ziel ______________________
- Mein persönliches Ziel ______________________
- Mein persönliches Ziel ______________________

1 Allgemeine Einführung

Katrin ist in der letzten Klasse der Berufsschule und wird in absehbarer Zeit die Lehrabschlussprüfung ablegen. Nach der Lehrzeit steigt sie als Facharbeiterin voll in das Berufsleben als unselbstständige Erwerbstätige ein. Sie will von der Personalabteilung wissen, wie viel sie als Facharbeiterin verdienen wird, damit sie ihre Zukunft planen kann.

Um den Lebensunterhalt bestreiten zu können, muss eine große Mehrheit der österreichischen Bevölkerung das eigene Wissen und die eigene Arbeitskraft an Unternehmen verkaufen. Für diese Leistung erhalten die Arbeitnehmer/innen ein Entgelt von den Arbeitgeber/innen. Bei Arbeiter/innen wird das Entgelt als **Lohn** und bei Angestellten als **Gehalt** bezeichnet.

Grundkenntnisse über die Personalverrechnung sind ein wesentlicher Bestandteil der gewerblichen Ausbildung.

Wie viel jemand verdient ist von vielen Faktoren wie Arbeitsanforderungen, branchengültiger Kollektivvertrag, Ausbildung u. v. m. abhängig. Bei der Bewertung der Arbeitsanforderungen sind unter anderem folgende **Anforderungsmerkmale** zu berücksichtigen:

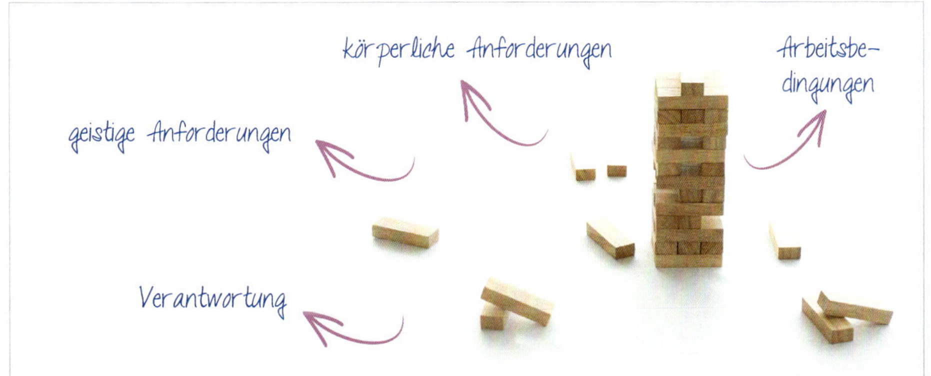

Aha!
Im Betrieb übernimmt das **Lohnbüro** die Aufgabe, jeden Monat die Abrechnung der einzelnen Mitarbeiter/innen zu berechnen und die monatlichen Auszahlungsbeträge auf die jeweiligen Girokonten zu überweisen.

Aufgaben der Personalverrechnung

Die Aufgaben in der Personalverrechnung sind vielfältig und können in zwei Kategorien eingeteilt werden:

Aufgaben der Personalverrechnung

Innerbetrieblich	Außerbetrieblich
▪ Berechnung der Bruttobezüge (inkl. Überstunden, Zulagen etc.) ▪ Berechnung der Abzüge (Lohnsteuer, Sozialversicherung etc.) ▪ Ermittlung des Auszahlungsbetrages ▪ Weiterleitung der Ergebnisse an Buchhaltung und Kostenrechnung	▪ Berechnung der Abgaben des Arbeitgebers ▪ Abrechnung mit Finanzamt, Gesundheitskasse, Gemeinde

Den Lohnverrechnerinnen und Lohnverrechnern obliegt eine große Verantwortung:
- **innerbetrieblich** gegenüber den Arbeitnehmerinnen und Arbeitnehmern einerseits und der Betriebsinhaberin bzw. dem Betriebsinhaber anderseits und
- **außerbetrieblich** gegenüber der Krankenkasse, dem Finanzamt und der Gemeinde.

2 Stufenbau der Rechtsvorschriften im Arbeitsrecht

Achtung!
Vereinbarungen auf einer unteren Ebene dürfen nicht gegen übergeordnete Bestimmungen verstoßen.

2.1 Gesetze und Verordnungen

Eine Reihe von **Gesetzen und Verordnungen** regelt die Arbeitswelt:
- Angestelltengesetz,
- Berufsausbildungsgesetz,
- Arbeitsverfassungsgesetz,
- Entgeltfortzahlungsgesetz,
- Arbeitszeitgesetz,
- Urlaubsgesetz
- etc.

ÖGB = Österreichischer Gewerkschaftsbund.

2.2 Kollektivverträge

Kollektivverträge werden zwischen Arbeitgebervertretern (Wirtschaftskammer) und Arbeitnehmervertretern (Fachgewerkschaften des ÖGB) abgeschlossen. Sie regeln aber nicht nur Bezüge, sondern schaffen gleiche Mindeststandards bei den Arbeitsbedingungen für die Arbeitnehmer/innen einer bestimmten Branche.

Kollektivverträge schaffen ein Gleichgewicht zwischen Arbeitnehmerinnen bzw. Arbeitnehmern und Arbeitgeberinnen bzw. Arbeitgebern und sorgen für gleiche Wettbewerbsbedingungen zwischen den Unternehmen der gleichen Branche.

Kollektivverträge regeln z. B. auch
- Gehalt und Lohn,
- Urlaub,

- Überstunden und Zuschläge (Nacht, Sonn- und Feiertage),
- Kündigung,
- Sonderzahlungen wie Urlaubsgeld und Weihnachtsremuneration,
- Zulagen,
- Normalarbeitszeit (NAZ),
- Abfertigung.

Da es eine Vielzahl von Kollektivverträgen gibt, erfragen Sie den für Sie geltenden Kollektivvertrag am einfachsten in Ihrem Lohnbüro.

Hier finden Sie Lohntabellen aus zwei Branchen:

Beispiel
Auszug aus der Lohntabelle **Metallerzeugende- und -verarbeitende Industrie** (gültig ab 1. November 2023)

Mindestlohntabelle ab 01.11.2023

für den Fachverband

Metalltechnische Industrie
(ausgenommen die Berufsgruppe der Gießereiindustrie sowie die Münze Österreich AG)

	Grundstufe	nach 2 Jahren	nach 4 Jahren	nach 6 Jahren	nach 9 Jahren	nach 12 Jahren	Vorrückungswerte 2, 4 J	Vorrückungswerte 6, 9, 12 J
A	2 426,23	2 465,87	2 505,51				39,64	
B	2 426,23	2 466,16	2 506,09	2 526,05	2 546,01	2 565,97	39,93	19,96
C	2 548,82	2 591,47	2 634,12	2 655,46	2 676,80	2 698,14	42,65	21,34
D	2 784,29	2 837,91	2 891,53	2 918,36	2 945,19	2 972,02	53,62	26,83
E	3 207,73	3 269,58	3 331,43	3 362,33	3 393,23	3 424,13	61,85	30,90
F	3 591,87	3 682,25	3 772,63	3 817,83	3 863,03	3 908,23	90,38	45,20
G	4 112,78	4 250,91	4 389,04	4 458,11	4 527,18	4 596,25	138,13	69,07
H	4 502,64	4 653,86	4 805,08	4 880,66	4 956,24	5 031,82	151,22	75,58
I	5 482,23	5 666,33	5 850,43	5 942,47	6 034,51	6 126,55	184,10	92,04
I (M III-5%)	5 208,13	5 383,03	5 557,93	5 645,38	5 732,83	5 820,28	174,90	87,45
J	6 018,97	6 221,30	6 423,63	6 524,78	6 625,93	6 727,08	202,33	101,15
	Grundstufe	**nach 2 J**	**nach 4 J**	**nach 6 J**	**nach 9 J**		**2 J**	**4, 6, 9 J**
K	7 957,21	8 224,70	8 358,42	8 492,14	8 625,86		267,49	133,72

Beispiel
Auszug aus der Lohntabelle **Metallverarbeitendes Gewerbe** (gültig ab 1. Jänner 2024)

1. Lohngruppen:

LG Techniker .... € 3.921,70
LG 1 Spitzenfacharbeiter .... € 3.590,40
LG 2 Qualifizierter Facharbeiter .... € 3.202,68
LG 3 Facharbeiter .... € 2.779,74
LG 4 Besonders qualifizierter Arbeitnehmer .... € 2.601,15
LG 5 Qualifizierter Arbeitnehmer .... € 2.476,61
LG 6 Arbeitnehmer mit Zweckausbildung .... € 2.424,45
LG 7 Arbeitnehmer ohne Zweckausbildung .... € 2.424,45

Im Herbst beginnen die Metaller (Industrie) mit ihren Kollektivvertragsverhandlungen und haben somit Signalwirkung für alle weiteren Kollektivvertragsverhandlungen in den anderen Branchen.

Mein Kollektivvertrag
Suchen Sie im Internet nach dem Kollektivvertrag Ihres Lehrberufs und notieren Sie die aktuelle Höhe des Lehrlingseinkommens in den einzelnen Lehrjahren.

Kollektivvertraglicher Mindestlohn und Istlohn
Je nachdem, ob genau der Lohn nach Kollektivvertrag oder ein höherer Betrag ausbezahlt wird, unterscheidet man zwischen zwei Arten:

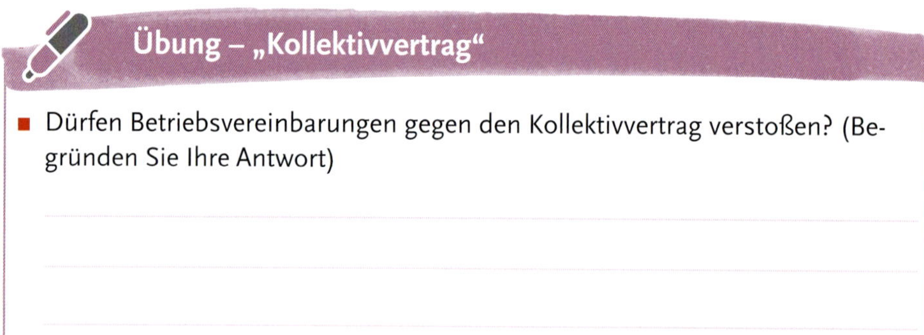

Übung – „Kollektivvertrag“

- Dürfen Betriebsvereinbarungen gegen den Kollektivvertrag verstoßen? (Begründen Sie Ihre Antwort)

3 Beginn eines neuen Arbeitsverhältnisses

Die **wichtigsten Tätigkeiten,** die unmittelbar bei der Einstellung neuer Mitarbeiter/innen anfallen, finden Sie in der folgenden Übersicht.

Erstellung eines Arbeitsvertrages

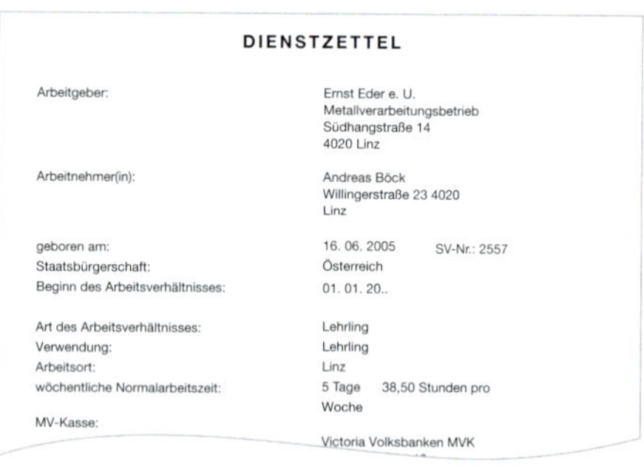

DIENSTZETTEL

Arbeitgeber:	Ernst Eder e. U. Metallverarbeitungsbetrieb Südhangstraße 14 4020 Linz
Arbeitnehmer(in):	Andreas Böck Willingerstraße 23 4020 Linz
geboren am:	16. 06. 2005 SV-Nr.: 2557
Staatsbürgerschaft:	Österreich
Beginn des Arbeitsverhältnisses:	01. 01. 20..
Art des Arbeitsverhältnisses:	Lehrling
Verwendung:	Lehrling
Arbeitsort:	Linz
wöchentliche Normalarbeitszeit:	5 Tage 38,50 Stunden pro Woche
MV-Kasse:	Victoria Volksbanken MVK

Erstellung eines Dienstzettels

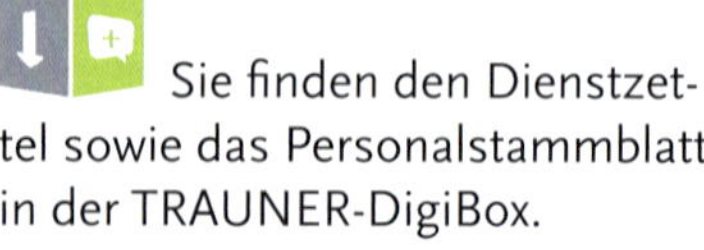

Sie finden den Dienstzettel sowie das Personalstammblatt in der TRAUNER-DigiBox.

Österreichische Gesundheitskasse

Anmeldung bei der Sozialversicherungsanstalt

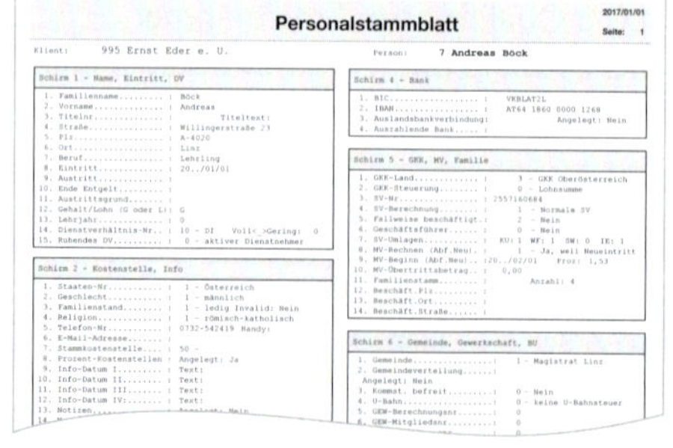

Personalstammblatt

Klient: 995 Ernst Eder e. U. Person: 7 Andreas Böck

Anlage eines Lohnkontos

Personen können für eine Auftraggeberin bzw. für einen Auftraggeber aufgrund
- eines Dienstvertrages als echte Arbeitnehmer/innen oder
- eines freien Dienstvertrages bzw. eines Werkvertrages als Selbständige (Unternehmer/innen)

Leistungen erbringen.

Grundsätzlich kann man sich nicht aussuchen, welchen Vertrag man erhält. Es ergibt sich aus den Leistungen, die gegenüber der Auftraggeberin bzw. dem Auftraggeber erbracht werden.

3.1 Arbeitsvertrag und Dienstzettel

Damit ein Arbeitsvertrag zustande kommt, müssen wesentliche **Merkmale eines Arbeitsverhältnisses** gegeben sein:

- Die Arbeitnehmerin bzw. der Arbeitnehmer stellt ihre bzw. seine Arbeitskraft gegen Bezahlung eines Entgeltes der Arbeitgeberin bzw. dem Arbeitgeber zur Verfügung.
- Die Arbeitnehmerin bzw. der Arbeitnehmer ist wirtschaftlich und persönlich (Weisungsgebundenheit) von der Arbeitgeberin bzw. vom Arbeitgeber abhängig.
- Es besteht persönliche Arbeitspflicht (Man kann sich nicht vertreten lassen).
- Die Arbeitsmittel werden von der Arbeitgeberin bzw. vom Arbeitgeber zur Verfügung gestellt.
- Die Arbeitnehmerin bzw. der Arbeitnehmer ist in die Organisation der Arbeitgeberin bzw. des Arbeitgebers eingebunden.

Schenken Sie dem Inhalt Ihres Arbeitsvertrages (Dienstzettels) höchste Aufmerksamkeit, bevor Sie diesen unterschreiben. Dieser hat Auswirkungen auf Ihr gesamtes Arbeitsleben im Betrieb. Bei der Arbeiterkammer können Sie den Dienstzettel überprüfen lassen: www.arbeiterkammer.at

Kommt ein Arbeitsverhältnis zustande, wird ein Arbeitsvertrag bzw. ein Dienstzettel ausgestellt.

Aber wodurch unterscheiden sich Arbeitsvertrag und Dienstzettel? Müssen Unternehmen neuen Mitarbeiterinnen/Mitarbeitern beides ausstellen?

Arbeitsvertrag	Dienstzettel
Vertrag, der ein Arbeitsverhältnis begründet und den Arbeitnehmer gegen Zahlung eines Entgelts zur Arbeitsleistung für die Arbeitgeberin/den Arbeitgeber verpflichtet.	**Schriftstück,** in dem die wesentlichen Rechte und Pflichten, die sich aus dem Arbeitsverhältnis ergeben, festgehalten werden.
Bei der Gestaltung des Arbeitsvertrages besteht **Formfreiheit** (kann schriftlich, mündlich oder durch schlüssiges Verhalten abgeschlossen werden).	Muss **schriftlich** gestaltet werden.

schlüssiges Verhalten = ohne Wort, nur durch bloßes handeln.

Arbeitgeber/innen sind verpflichtet, den Arbeitnehmerinnen und Arbeitnehmern unverzüglich nach Beginn des Arbeitsverhältnisses einen Dienstzettel auszuhändigen, außer der Arbeitsvertrag enthält bereits alle erforderlichen Angaben.

Der Arbeitsvertrag wird in der Praxis auch als **Dienstvertrag** bezeichnet.

Es kann sein, dass nur ein Arbeitsvertrag (in dem alle Angaben bereits enthalten sind) oder nur ein Dienstzettel (z. B. wenn der Arbeitsvertrag mündlich abgeschlossen wurde) ausgestellt wird. Es ist aber auch möglich, dass sowohl ein Arbeitsvertrag als auch ein Dienstzettel (mit den ergänzenden Angaben) ausgehändigt wird.

Folgende **Punkte müssen enthalten** sein:

- Name und Adresse von Arbeitgeber/in sowie Arbeitnehmer/in
- Beginn des Arbeitsverhältnisses (bei Arbeitsverhältnissen auf bestimmte Zeit auch das Ende des Arbeitsverhältnisses)
- Dauer der Kündigungsfrist, Kündigungstermin
- Gewöhnlicher Arbeitsort, erforderlichenfalls Hinweis auf wechselnde Arbeitsorte
- Allfällige Einstufung in ein generelles Schema
- Vorgesehene Verwendung
- Grundgehalt bzw. -lohn sowie weitere Entgeltbestandteile, z. B. Sonderzahlungen
- Fälligkeit des Entgelts
- Ausmaß des jährlichen Urlaubs
- Vereinbarte tägliche und wöchentliche Normalarbeitszeit
- Bezeichnung des anzuwendenden Kollektivvertrages bzw. der anzuwendenden Betriebsvereinbarungen
- Name und Anschrift der betrieblichen Mitarbeitervorsorgekasse

Im Gegensatz zum Dienstzettel bietet der **Arbeitsvertrag flexible Gestaltungsmöglichkeiten.** Hier finden sich beispielsweise Vereinbarungen zur Probezeit, zur Arbeitszeiteinteilung oder zur Überstundenverpflichtung.

Beantworten Sie folgende Fragen zum vorliegenden Auszug aus dem Arbeitsvertrag:

- Wer ist der Arbeitgeber?
- Wann beginnt das Arbeitsverhältnis?
- Wann endet das Arbeitsverhältnis?
- Erklären Sie den Begriff „Probezeit“.

Beispiel: Arbeitsvertrag und Dienstzettel

ARBEITSVERTRAG

1. Vertragspartner

Der Arbeitsvertrag wird abgeschlossen zwischen

Herrn Andreas Böck, Willingerstraße 23, 4020 Linz (Arbeitnehmer)

und Ernst Eder e. U., Metallverarbeitungsbetrieb, Südhangstraße 14, 4020 Linz (Arbeitgeber).

2. Probezeit

Das Arbeitsverhältnis beginnt am 01. 01. 20.. und wird auf unbestimmte Zeit abgeschlossen.

Gleichzeitig wird im Sinne der Bestimmungen des § 19 (2) AngG eine Probezeit für die Dauer eines Monats vereinbart, innerhalb derer das Arbeitsverhältnis von beiden Seiten jederzeit ohne Angabe von Gründen gelöst werden kann.

3. Dienstverwendung

DIENSTZETTEL

Arbeitgeber:	Ernst Eder e. U. Metallverarbeitungsbetrieb Südhangstraße 14 4020 Linz
Arbeitnehmer(in):	Andreas Böck Willingerstraße 23 4020 Linz
geboren am:	16. 06. 2005 SV-Nr.: 2557
Staatsbürgerschaft:	Österreich
Beginn des Arbeitsverhältnisses:	01. 01. 20..
Art des Arbeitsverhältnisses:	Lehrling
Verwendung:	Lehrling
Arbeitsort:	Linz
wöchentliche Normalarbeitszeit:	5 Tage 38,50 Stunden pro Woche
MV-Kasse:	Victoria Volksbanken MVK

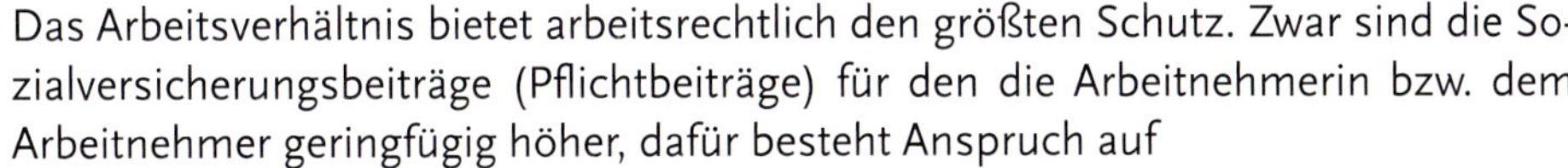

Das Arbeitsverhältnis bietet arbeitsrechtlich den größten Schutz. Zwar sind die Sozialversicherungsbeiträge (Pflichtbeiträge) für den die Arbeitnehmerin bzw. dem Arbeitnehmer geringfügig höher, dafür besteht Anspruch auf

- Krankengeld,
- Arbeitslosengeld,
- einen 13. und 14. Monatsbezug (dieser ist steuerfrei oder nur mit 6 % versteuert) sowie
- Einzahlung der Beiträge an die Mitarbeitervorsorgekasse (Abfertigung) durch die Arbeitgeberin bzw. den Arbeitgeber.

Ebenso besteht eine Pflichtmitgliedschaft bei der Arbeiterkammer.

Weiters hat die Dienstnehmerin bzw. der Dienstnehmer im Insolvenzfall der Dienstgeberin bzw. des Dienstgebers Anspruch auf nicht ausgezahlte Bezüge gegenüber dem Insolvenzausfallgeldfonds.

Übung – „Beginn eines neuen Arbeitsverhältnisses"

- Füllen Sie den Dienstzettel mit Ihren persönlichen Daten aus.

DIENSTZETTEL

(1) Arbeitgeber/in ______

(2) Arbeitnehmer/in (Vor- und Zuname) ______

wohnhaft in ______

geboren am ______

Staatsbürgerschaft ______

(3) Beginn des Arbeitsverhältnisses ______

(4) Art des Arbeitsverhältnisses (Arbeiter/Angestellter) ______

auf unbestimmte Zeit/auf bestimmte Zeit bis zum ______

Als Probezeit ______ wird vereinbart

angerechnete Vordienstzeiten ______

a) für die Einstufung ______

b) für den Urlaub ______

c) für die Abfertigung ______

(5) Für die Kündigung des Arbeitsverhältnisses gelten die Bestimmungen ______

(6) Dienstort ______

(7) eingestuft in ______

(8) Art der Beschäftigung ______

(9) Gehalt/Lohn EUR ______

Zulagen:

a) kollektivvertragliche ______

b) freiwillige ______

Sonderzahlungen ______

sonstiges ______

Die Gehalts-/Lohnauszahlung erfolgt ______

(10) das Urlaubsausmaß beträgt ______ Werktage

(11) die wöchentliche Normalarbeitszeit beträgt ______

(12) anzuwendender Kollektivvertrag (Satzung, Mindestlohntarif, festgesetztes Lehrlingseinkommen) und/oder Betriebsvereinbarung liegt im Betrieb auf ______

(13) sonstige Vereinbarungen ______

Dienstzettel übernommen:

Datum ______ Unterschrift des Arbeitnehmers

3.2 Werkvertrag

Zu einer konkreten Steuerpflicht kommt es allerdings erst dann, wenn bestimmte Einkommensgrenzen überschritten werden.

Nähere Informationen finden Sie unter www.arbeiterkammer.at.

Dabei verpflichtet sich jemand (Werkunternehmer/in), für jemand anderen (Werkbesteller/in) ein bestimmtes Werk herzustellen. Beim Werkvertrag ist die Werkunternehmerin bzw. der Werkunternehmer nicht versichert und muss sich selbst bei der „Sozialversicherung für Selbstständige" versichern.
Mit Einnahmen aus Werkverträgen unterliegt man als Unternehmer/in grundsätzlich der Einkommensteuer und der Umsatzsteuer.

Merkmale eines Werkvertrages

- Es besteht keine persönliche Arbeitspflicht.
- Die eigenen Arbeitsmittel werden verwendet.
- Es besteht keine persönliche und wirtschaftliche Abhängigkeit.
- Der Erfolg wird garantiert.
- Die Werkunternehmerin bzw. der Werkunternehmer ist nicht in die Organisation der Werkbestellerin bzw. des Werkbestellers integriert.

3.3 Freier Dienstvertrag

Mit Einnahmen aus freien Dienstverträgen unterliegt man als Unternehmer/in grundsätzlich der Einkommensteuer und der Umsatzsteuer. Zu einer konkreten Steuerpflicht kommt es allerdings erst dann, wenn bestimmte Umsatzgrenzen überschritten werden.

Mehr über die Steuerarten und Umsatzgrenzen lernen Sie im Band „Angewandte Wirtschaftslehre".

Dabei verpflichtet sich der freie Dienstnehmer, seine Arbeitskraft für eine bestimmte Zeit oder auch unbestimmte Zeit zur Verfügung zu stellen. Sein Entgeltanspruch besteht auch dann, wenn kein Arbeitsergebnis zustande kommt oder den Vorstellungen der Auftraggeberin bzw. des Auftraggebers entspricht.

Aha!
Freie Dienstverträge unterliegen der Beitragspflicht der Sozialversicherung, ausgenommen die Einnahmen liegen unter der Geringfügigkeitsgrenze von 518,44 EUR (Stand 2024) pro Kalendermonat.

4 Lohnformen

Katrin ist schon sehr neugierig, welche Lohnformen es gibt und in welche Lohnform sie von ihrem Arbeitgeber eingestuft wird.

Generell können die Löhne in **Akkord-** und **Zeitlohn** unterteilt werden. Die verschiedenen Entlohnungsarten bringen Vor- und Nachteile für die Arbeitnehmer/innen bzw. Arbeitgeber/innen.

Lohnformen

Leistungslohn (Akkordlohn)	Zeitlohn
Die tatsächlich erbrachte Leistung wird entlohnt.	Die im Betrieb verbrachte Zeit wird entlohnt.
Leistung: wird durch die Entlohnung berücksichtigt	**Leistung:** bleibt unberücksichtigt
Risiko: liegt bei den Arbeitnehmer/innen durch eventuelle Erkrankung (keine Mehrleistung)	**Risiko:** liegt bei den Arbeitgeber/innen durch geringere Arbeitsleistung
Arbeitstempo: schnell	**Arbeitstempo:** gleichmäßig schnell oder langsam
Lohnsumme: ist verschieden	**Lohnsumme:** ist gleichbleibend
Mehrleistung: Es gibt Anreiz zu erhöhter Leistung	**Mehrleistung:** Es gibt keinen Anreiz
Lohnkosten: sind für das Produkt gleich	**Lohnkosten:** ist für das Produkt verschieden
Belastung: Mensch und Maschine werden erhöhter Belastung ausgesetzt. Unfallgefahr!	**Belastung:** Schonung von Mensch und Maschine
Bereiche: Serienfertigung, Massenfertigung, Industrie	**Bereiche:** Einzelfertigung, Reparaturen, Handwerk
Arten: Zeitakkord, Stückakkord, Gruppenakkord und Prämienlohn	

Finden Sie anhand der Gegenüberstellung die Vor- und Nachteile für die Arbeitnehmer/innen heraus. Markieren Sie die Vorteile mit grüner und die Nachteile mit roter Farbe.

4.1 Leistungslohn (Akkordlohn)

Akkordarbeit für eine einzelne Person oder für eine Gruppe liegt dann vor, wenn bestimmte **Voraussetzungen** gegeben sind, wie

- Mengenleistung: muss vom Arbeitnehmer beeinflussbar sein
- Vorgabezeiten: müssen nachvollziehbar sein
- Arbeitsablauf: muss vorherbestimmt sein

Die Entlohnung bei Akkordarbeit ist von der Menge der geleisteten Arbeit abhängig. Die Menge kann dabei durch verschiedene **Kriterien** gemessen werden:

- Fläche, die bearbeitet wurde,
- Anzahl der gefertigten Stücke,
- Gewicht der erzeugten Stücke
- etc.

Geldakkord

Beim Geldakkord wird der Bruttolohn nach der erbrachten Leistung (Stückzahl, m^2) und dem Lohn pro Stück oder m^2 berechnet. Wie lange die Arbeitnehmer/innen für die Arbeit brauchen, ist in diesem Fall nicht von Bedeutung.

Im **Baugewerbe** findet man diese Form der Bezahlung (nach m^2 oder Stückzahl):

$$\text{Bruttolohn} = \text{m}^2/\text{geleistete Stückzahl} \cdot \text{Lohn}/\text{m}^2/\text{Stück}$$

Beispiel: Bruttolohn bei Geldakkord
Die Heimarbeiterin Susanne Maier muss im März 140 Stück fertigen. Der Lohn pro Stück beträgt 8,95 EUR. Wie hoch ist ihr Bruttolohn im März?

Lösung:
Bruttolohn = 140 Stk. • € 8,95/Stk. = € 1.253,00

Übung – „Geldakkord“

- Berechnen Sie die fehlenden Werte aus der folgenden Tabelle:

Stückzahl	2 500	1 810	195	
Lohn/Stk.	€ 1,25	€ 1,57		€ 0,50
Bruttolohn			€ 2.789,00	€ 987,50

Zeitakkord

Durch die Arbeitszeitermittlungen am Arbeitsplatz wird die Vorgabezeit für ein Stück ermittelt. Der Bruttolohn errechnet sich aus:

Akkordstundenlohn = normaler Stundenlohn + Akkordlohnzuschlag (%)

Minutenfaktor = Akkordstundenlohn : 60

Bruttolohn = Minutenfaktor • Vorgabezeit • geleistete Stück

Beispiel: Bruttolohn bei Zeitakkord
Die Arbeitnehmerin Margit Huber arbeitet 40 Stunden in der Woche und verdient in der Stunde 8,55 EUR. Sie fertigt in einem Monat 1 038 Werkstücke. Für ein Werkstück braucht sie 10 Minuten. Der Akkordzuschlag beträgt 15 %. Wie hoch ist ihr monatlicher Bruttolohn?

Lösung:
Akkordstundenlohn = € 15,55 + € 2,33 = € 17,88
Minutenfaktor = € 17,88 : 60 = € 0,2980/Min.
Bruttolohn = € 0,2980/Min. • 10 Min. • 1 038 Stk. = € 3.093,24

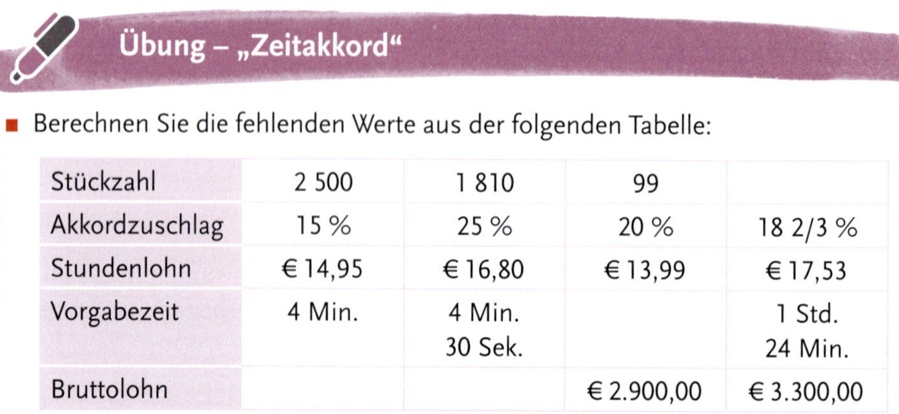

Übung – „Zeitakkord“

- Berechnen Sie die fehlenden Werte aus der folgenden Tabelle:

Stückzahl	2 500	1 810	99	
Akkordzuschlag	15 %	25 %	20 %	18 2/3 %
Stundenlohn	€ 14,95	€ 16,80	€ 13,99	€ 17,53
Vorgabezeit	4 Min.	4 Min. 30 Sek.		1 Std. 24 Min.
Bruttolohn			€ 2.900,00	€ 3.300,00

Gruppenakkord

Die Bedeutung des Gruppenakkords liegt darin, dass sich die Arbeitnehmer/innen eines Teams (Arbeitsgruppe)

- aufeinander einarbeiten,
- sich gegenseitig kontrollieren und
- zu einer gegenseitigen Leistungssteigerung beitragen.

Die Verteilung des Gruppenakkordlohns kann nach folgenden zwei Methoden erfolgen:

Verteilung des Gruppenakkordlohns ...

... nach Anzahl der Arbeiter/innen	... nach dem Bruttogrundlohn (Stundenlohn) der einzelnen Gruppenmitglieder

Diese Art des Leistungslohns findet Anwendung z. B. bei Akkordpartien am Bau oder bei bestimmten Fließfertigungen.

Berechnung nach Anzahl der Arbeiter/innen
Dabei wird der Gruppenlohn berechnet:

Gruppenlohn = geleistete Stückzahl • Lohn pro Stück

Berechnung nach dem Bruttogrundlohn (Stundenlohn) der einzelnen Gruppenakkordmitglieder
Dafür wird der Bruttolohn berechnet. Das kann auf Basis des Stundenlohns, des Normallohns oder der Anzahl der Arbeiter erfolgen:

Grundlage: Stundenlohn
Bruttolohn = Gruppenlohn • Stundenlohn : Summe der Stundenlöhne

Grundlage: Normallohn
Bruttolohn = Gruppenlohn • Normallohn : Summe der Normallöhne

Grundlage: Anzahl der Arbeiter
Bruttolohn = Gruppenlohn : Anzahl Arbeiter

Beispiel: Bruttolohn bei Gruppenakkord
Mairinger Horst, Holzinger Renate und Stickler Roman arbeiten als Team in einer Fertigungsstraße. Sie müssen in einem Monat 95 Stück Dieselmotoren in Kleinbaggern einbauen. Pro eingebauten Motor erhält das Team 85,00 EUR. Der Gruppenlohn wird im Verhältnis der Stundenlöhne aufgeteilt:

Mairinger Horst: € 12,00
Holzinger Renate: € 13,50
Stickler Roman: € 14,50

1. Berechnen Sie den Gruppenlohn:
   Gruppenlohn = 195 Stück • € 55,00 = € 10.725,00

2. Berechnen Sie das monatliche Einkommen jedes Teammitgliedes:
   Summe der Stundenlöhne = € 16,00 + € 17,50 + € 19,50 = € 53,00

   Mairinger Horst: € 16,00
   Bruttolohn = € 10.725,00 • € 16,00 : € 53,00 = € 3.237,74

   Holzinger Renate: € 17,50
   Bruttolohn = € 10.725,00 • € 17,50 : € 53,00 = € 3.541,27

   Stickler Roman: € 19,50
   Bruttolohn = € 10.725,00 • € 19,50 : € 53,00 = € 3.945,99

Übungen – „Gruppenakkord"

1. Der Altbau in einer Wohnungssiedlung soll mit einer neuen Fassade (Wärme- und Schalldämmung) renoviert werden. Den Auftrag erhält eine Gruppe von 5 Arbeitern. Insgesamt soll 1 500 m² Fassade erneuert werden. Pro m² erhält das Team einen Lohn von 10,25 EUR. Der Lohn wird wie folgt aufgeteilt:

- Der Vorarbeiter erhält 8 Teile,
- Arbeiter A erhält 6,5 Teile, Arbeiter B erhält 5,5 Teile,
- Arbeiter C erhält 6 Teile und Arbeiter D erhält 5 Teile.

Wie hoch ist das Bruttoeinkommen eines jeden Arbeiters?

2. Im Neubau einer Wohnungssiedlung sollen 10 Bäder verfliest werden. Den Auftrag erhält eine Gruppe von 4 Arbeitern. Insgesamt sollen 550 m² Wände und Böden verfliest werden.

- Der Vorarbeiter möchte ein Einkommen von 3.450,00 EUR (Stundenlohn von 22,50 EUR),
- Arbeiter A hat einen Stundenlohn von 19,50 EUR,
- Arbeiter B hat einen Stundenlohn von 18,00 EUR und
- Arbeiter C hat einen Stundenlohn von 17,50 EUR.

Wie hoch muss der Gruppenlohn sein, wenn dieser im Verhältnis der Stundenlöhne verteilt wird?

Wie viel verdienen Arbeiter A, B und C?

Wie hoch ist der Verdienst pro m²?

Prämienlohn

Der Prämienlohn ist eine Lohnform, welche sich aus zwei Teilen zusammensetzt:

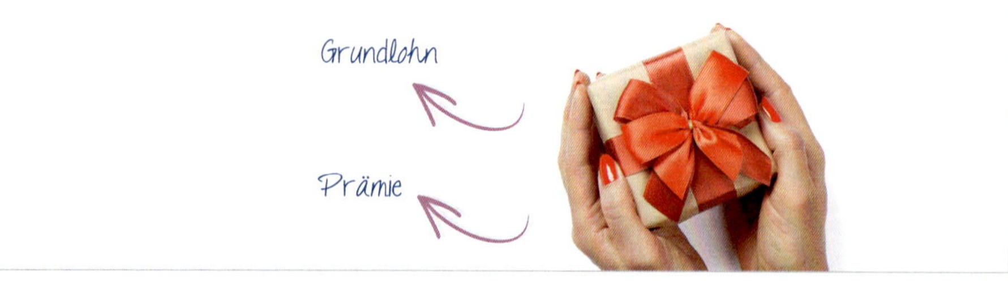

⚠ Die Soll-Leistung wird durch die Arbeitgeber/innen vorgegeben und alle Leistungen, die über das Soll hinausgehen, werden durch die ausgezahlte Prämie vergütet.

Die Höhe des Grundlohns bleibt konstant, die Höhe der Prämie richtet sich nach den Mehrleistungen (quantitative und/oder qualitative Mehrleistungen), die erbracht werden.

Die Prämie kann wie folgt errechnet werden:

Prämie = Mehrleistung • Prämie pro Stück

Der Gesamtlohn, also der Bruttolohn setzt sich dann so zusammen:

Bruttolohn = Normalarbeitszeit • Stundenlohn + Prämie

Beispiel: Bruttolohn bei Prämienlohn
Eine Arbeiterin fertigt im April 1 065 Werkstücke bei einer Vorgabezeit von 10 Minuten pro Stück. Ihr Stundenlohn beträgt 16,00 EUR, und die monatliche Arbeitszeit beträgt 167 Stunden. Die Prämie für die Mehrleistung beträgt 2,75 EUR pro Stück. Wie hoch ist das Bruttoeinkommen im April?

Lösung:
Soll-Leistung = 167 Std. • 60 Min. = 10 020 Min. : 10 Min./Stk. = 1 002 Stk.
Ist-Leistung = 1 065 Stk.
Mehrleistung = Istleistung – Soll-Leistung =
1 065 Stk. – 1 002 Stk. = 63 Stk.
Prämie = Mehrleistung • Prämie pro Stück =
63 Stk. • € 2,75/Stk. = € 173,25
Bruttolohn = Normalarbeitszeit • Stundenlohn + Prämie =
16,00 €/Std. • 167 + € 173,25 = € 2.845,25

Übung – „Prämienlohn“

- Berechnen Sie die fehlenden Werte aus der folgenden Tabelle:

Ist-Leistung	2 700 Stk.	1 210 Stk.	55 Stk.	105 Stk.
Arbeitszeit	167 Std.	173 Std.	170 Std.	166 Std
Stundenlohn	€ 16,50	€ 17,99	€ 16,45	€ 18,69
Vorgabezeit	4 Min.	10 Min	200 Min.	1 Std. 40 Min.
Prämie	€ 0,99/Stk.	€ 1,75/Stk.	€ 75,00/Stk.	€ 45,00/Stk.
Soll-Leistung				
Bruttolohn				

Achtung!
Es wird auch Leistung beim Zeitlohn verlangt! Eine Arbeitgeberin bzw. ein Arbeitgeber, die/der eine Mitarbeiterin bzw. einen Mitarbeiter in einer bestimmten Lohngruppe einstellt, erwartet von dieser/m auch eine bestimmte Leistung. Ist die erbrachte Leistung niedriger als die erwartete, so kann gegenüber der Arbeitnehmerin bzw. dem Arbeitnehmer die **Kündigung** ausgesprochen werden.

4.2 Zeitlohn

Beim Zeitlohn wird eine Mitarbeiterin bzw. ein Mitarbeiter nach der geleisteten Anwesenheit (Arbeitszeit) im Betrieb entlohnt.

Unter Arbeitszeit wird die Zeit von Beginn bis zum Ende der Arbeit ohne Ruhepausen verstanden. Die tägliche **Normalarbeitszeit (NAZ)** darf acht Stunden bzw. – wenn der Kollektivvertrag neun Stunden vorsieht – nicht überschreiten. Die **wöchentliche Normalarbeitszeit (WAZ)** darf vierzig Stunden nicht überschreiten, außer es ist im Kollektivvertrag eine verringerte Normalarbeitszeit (38,5 Stunden) vorgesehen.

Begriffe zur Arbeitszeit	Erklärung
Durchrechnungszeitraum	Die Normalarbeitszeit kann in diesem Zeitraum schwankend gestaltet werden. In bestimmten Zeiten wird länger gearbeitet und zum Ausgleich dazu wird in anderen Zeitenräumen kürzer gearbeitet. Der Durchrechnungszeitraum liegt im Arbeitgeberinteresse, um schwankenden Arbeitsbedarf unter Vermeidung von Überstundenbezahlung abzudecken. Der Durchrechnungszeitraum wird entweder durch den Kollektivvertrag oder durch Betriebsvereinbarungen geregelt.
Gleitende Arbeitszeit (Gleitzeit)	Bei der Gleitzeit wird der Beginn und das Ende der täglichen Normalarbeitszeit durch die Arbeitnehmer/innen innerhalb eines vereinbarten zeitlichen Rahmens selbst bestimmt.
Höchstgrenzen der Arbeitszeit	Die Tagesarbeitszeit darf 12 Stunden und die Wochenarbeitszeit 60 Stunden nicht überschreiten.

Die Entlohnungsform nach dem Kollektivvertrag kann die Arbeitszeit entweder als Stundenlohn oder Monatsgehalt festgelegt sein. Die wöchentliche bzw. monatliche Arbeitszeit ist im Kollektivvertrag geregelt.

4.2.1 Berechnung des Normallohns

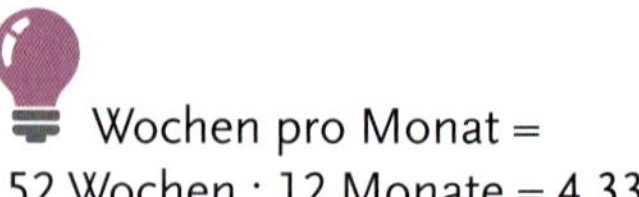

Wochen pro Monat = 52 Wochen : 12 Monate = 4,33

Der Normallohn kann auf folgende zwei Arten berechnet werden:

Normallohn = wöchentl. Normalarbeitszeit (WAZ) • Stundenlohn • 4,33

Normallohn = monatliche Normalarbeitszeit (NAZ) • Stundenlohn

Beispiel: Normallohn bei Zeitlohn
Ein Facharbeiterin verdient im Metall-Gewerbe 17,00 EUR/Std. Ihre monatliche Wochenarbeitszeit beträgt 38,5 Stunden.
Wie hoch ist ihr Monatslohn?

Lösung:
Normallohn = 38,5 Std./Woche • € 17,00/Std. • 4,33 = € 2.833,99

4.2.2 Berechnung des Stundenlohns

Die Berechnung des Stundenlohns können Sie auf zwei Wege durchführen:

Stundenlohn = Normallohn : wöchentliche Normalarbeitszeit : 4,33

Stundenlohn = Normallohn : monatliche Normalarbeitszeit

Beispiel: Stundenlohn bei Zeitlohn
Ein Mischer verdient im Bäcker-Gewerbe 2.850,00 EUR pro Monat. Seine monatliche Wochenarbeitszeit beträgt 40 Stunden.
Wie hoch ist sein Stundenlohn?

Lösung:
Stundenlohn = € 2.850,00 : 40 Std. : 4,33 = € 16,45/Std.

Übung – „Zeitlohn"

- Berechnen Sie die fehlenden Werte aus der folgenden Tabelle:

Normallohn (Monat)	€ 2.798,56		€ 3.255,00	
Stundenlohn		€ 16,76		€ 17,56
Wochenarbeitszeit (WAZ)	38 Std.			39 Std.
Monatsarbeitszeit (MAZ)		173 Std.	167 Std.	

4.2.3 Berechnung der Mehrarbeit und der Überstunden

Bei Überschreitung der Wochenarbeitszeit, wird dies in Form von Überstunden bzw. Mehrstunden berücksichtigt.

Mehrarbeit und Überstunden

Überstunden	Mehrarbeitszeit
Überstunden liegen vor, wenn die wöchentliche Arbeitszeit (WAZ) von vierzig Stunden überschritten wird. Für die Überstunden muss die Arbeitgeberin bzw. der Arbeitgeber den Überstundengrundlohn und einen Überstundenzuschlag bezahlen. Die Überstunden können auch in Form von Zeitausgleich unter Berücksichtigung des Überstundenzuschlages gewährt werden.	Eine Mehrarbeitszeit liegt vor, wenn die wöchentliche Arbeitszeit unter 40 Stunden ist. Bei einer WAZ von 38,5 Stunden erfolgt die Mehrarbeit zwischen der 38,5. Stunde und der 40. Stunde.

Weitere wichtige Begriffe im Zusammenhang mit Überstunden und Mehrarbeitszeit sind:

Begriffe	Erklärung
Überstundenzuschlag (100 %)	für Überstunden, die an Sonn- und Feiertagen und in der Nacht (in der Regel von 20 Uhr bis 6 Uhr) geleistet wurden
Überstundenzuschlag (50 %)	für alle anderen Überstunden
Mehrarbeitszuschlag	Zuschläge für Mehrarbeit sind in den Kollektivverträgen geregelt. Der Kollektivvertrag Metall Industrie/ Gewerbe sieht z. B. einen Zuschlag von 50 % vor.
Überstundenteiler	In einigen Kollektivverträgen sind Mehrarbeit und Überstunden höher berechnet als der Stundenlohn. Der Monatslohn wird durch diesen Überstundenteiler gerechnet.

Den nebenstehenden Begriffen dient als Basis für Berechnungen der **Überstundengrundlohn**. Das ist das vereinbarte Entgelt, das für eine Überstunde bezahlt wird. Zur diesem werden die diversen Überstundenzuschläge hinzugerechnet.

Je nach Kollektivvertrag gibt es also drei Möglichkeiten zur Berechnung des Bruttolohnes inklusive Überstunden bzw. Mehrarbeitszeit:

- Wochenarbeitszeit mit 40 Stunden
- Verkürzte Wochenarbeitszeit (unter 40 Stunden)
- Überstundenteiler

Überstundenberechnung (Wochenarbeitszeit 40 Stunden)
Wenn die wöchentliche Arbeitszeit bei 40 Stunden liegt, werden all jene Stunden, die darüber hinausgehen, als Überstunden verrechnet.

MAZ = Monatsarbeitszeit

Berechnungsschema Wochenarbeitszeit = 40 Stunden (MAZ = 173 Stunden)

	Monatlicher Grundlohn (GL)
+	Überstundengrundlohn (Ü-GL)
+	Überstundenzuschlag 50 % (ÜZ-50 %)
+	Überstundenzuschlag 100 % (ÜZ-100 %)
+	Zulagen
	Bruttolohn

In einigen Kollektivverträgen (KV) werden Überstunden besser bezahlt. Der KV Metallindustrie und Metallgewerbe sieht einen Überstundenteiler von 143 vor.

Beispiel: Berechnung von Überstunden
Die Facharbeiterin Romana Stickler verdient in der Stunde 16,50 EUR. Ihre Normalarbeitszeit beträgt 40 Stunden. Sie macht im Monat Juni 10 Überstunden (50 %) und 10 Überstunden (100 %).
Wie hoch ist ihr Bruttoeinkommen im Juni?

Lösung:

	Monatlicher Grundlohn (GL)	€	2.854,50
+	Überstundengrundlohn (Ü-GL)	€	330,00
+	Überstundenzuschlag 50 % (ÜZ-50 %)	€	82,50
+	Überstundenzuschlag 100 % (ÜZ-100 %)	€	165,00
+	Zulagen		–
	Bruttolohn	**€**	**3.432,00**

Nebenrechnungen:

GL = Stundenlohn • MAZ = € 16,50/Std. • 173 Std. = € 2.854,50

Ü-GL = Stundenlohn • Überstunden (50 % + 100 %) = € 16,50/Std. • (10 + 10) = € 330,00

ÜZ-50 % = Stundenlohn • Überstunden (50 %) : 2 = € 16,50/Std. • 10 : 2 = € 82,50

ÜZ-100 % = Stundenlohn • Überstunden (100 %) = € 16,50/Std. • 10 = € 165,00

Zulagen können z. B. sein:
- Schmutzzulage
- Erschwerniszulage
- Gefahrenzulage

Übungen – „Berechnung Mehrarbeit und Überstunden“

1. Der Facharbeiter Roman Winckler verdient in der Stunde 17,25 EUR. Seine Normalarbeitszeit beträgt 40 Stunden. Er macht im Monat August 15 Überstunden (50 %) und 8 Überstunden (100 %). Er erhält auch noch 125,00 EUR an Zulagen. Wie hoch ist sein Bruttoeinkommen im August?

	Monatlicher Grundlohn (GL)	€	
+	Überstundengrundlohn (Ü-GL)	€	
+	Überstundenzuschlag 50 % (ÜZ-50 %)	€	
+	Überstundenzuschlag 100 % (ÜZ-100 %)	€	
+	Zulagen	€	
	Bruttolohn	**€**	

2. Die Konditormeisterin Sabine Koller verdient in der Stunde 15,25 EUR. Ihre Normalarbeitszeit beträgt 40 Stunden. Sie macht im Monat Februar 20 Überstunden an Werktagen und 5 Überstunden von 20:00 bis 01:00 Uhr.
Wie hoch ist ihr Bruttoeinkommen im Juni?

	Monatlicher Grundlohn (GL)	€ ....
+	Überstundengrundlohn (Ü-GL)	€ ....
+	Überstundenzuschlag 50 % (ÜZ-50 %)	€ ....
+	Überstundenzuschlag 100 % (ÜZ-100 %)	€ ....
+	Zulagen	€ ....
	Bruttolohn	€ ....

⚠ Die Zuschläge für die Mehrarbeitszeit sind in den Kollektivverträgen geregelt.

⚠ Bei dieser Berechnungsvariante kommt die Mehrarbeitszeit und der Mehrarbeitszeitzuschlag von 50 % hinzu.

Überstundenberechnung (verkürzte wöchentliche Arbeitszeit unter 40 Stunden)
In einigen Kollektivverträgen gilt eine verringerte Wochenarbeitszeit von 38 Stunden (chemische Industrie), 38,5 Stunden (Metaller) und 39 Stunden (Baugewerbe).

Berechnungsschema Wochenarbeitszeit = 38,5 Stunden (MAZ = 167 Stunden)

	Monatlicher Grundlohn (GL)
+	Mehrarbeitsgrundlohn (MA-GL)
+	Mehrarbeitszuschlag (MZ-50 %)
+	Überstundengrundlohn (Ü-GL)
+	Überstundenzuschlag 50 % (ÜZ-50 %)
+	Überstundenzuschlag 100 % (ÜZ-100 %)
+	Zulagen
	Bruttolohn

Beispiel: Überstundenberechnung (verkürzte wöchentliche Arbeitszeit)
Die Facharbeiterin Romana Stickler verdient in der Stunde 14,50 EUR. Ihre Normalarbeitszeit beträgt 38,5 Stunden. Sie macht im Monat Juni 6 Stunden Mehrarbeit (50 %), 10 Überstunden (50 %) und 5 Überstunden (100 %). Wie hoch ist ihr Bruttoeinkommen im Juni? (Mehr- und Überstundenteiler = 167)

Lösung:

	Monatlicher Grundlohn (GL)	€	2.421,50
+	Mehrarbeitsgrundlohn (MA-GL)	€	87,00
+	Mehrarbeitszuschlag (MZ-50 %)	€	43,50
+	Überstundengrundlohn (Ü-GL)	€	217,50
+	Überstundenzuschlag 50 % (ÜZ-50 %)	€	72,50
+	Überstundenzuschlag 100 % (ÜZ-100 %)	€	72,50
+	Zulagen		–
	Monatlicher Bruttolohn	**€**	**2.914,50**

Nebenrechnungen:

GL	=	Stundenlohn • MAZ = € 14,50/Std. • 167 Std. = € 2.421,50
MA-GL	=	Stundenlohn • Mehrarbeitszeit (50 %) = € 14,50/Std. • 6 = € 87,00
MZ	=	Stundenlohn • Mehrarbeitszeit (50 %) : 2 = € 14,50/Std. • 6 : 2 = € 43,50
Ü-GL	=	€ 14,50/Std. • (10 + 5) = € 217,50
ÜZ-50 %	=	€ 14,50/Std. • 10 : 2 = € 72,50
ÜZ-100 %	=	€ 14,50/Std. • 5 = € 72,50

Überstundenberechnung: Überstundenteiler am Beispiel KV Metall
Bei der Berechnung der Mehrarbeits- und Überstundenentlohnung wird im KV Metall zwischen Gewerbe und Industrie unterschieden. Der Überstundenteiler (Ü-Teiler) ist mit 143 festgelegt.

⚠ Berechnung einer Mehrarbeitsstunde im Metallgewerbe:
$\frac{\text{Monatslohn}}{167}$

Berechnung der	Kollektivvertrag Metall-Gewerbe	Kollektivvertrag Metall-Industrie
MA-GL	= Stundenlohn	= Stundenlohn • 167 : 143
MZ-50 %	= Stundenlohn : 2	= Stundenlohn • 167 : 143 : 2
ÜGL	= Stundenlohn • 167 : 143	= Stundenlohn • 167 : 143
ÜZ-50 %	= Stundenlohn • 167 : 143 : 2	= Stundenlohn • 167 : 143 : 2
ÜZ-100 %	= Stundenlohn • 167 : 143	= Stundenlohn • 167 : 143

Beispiel: Überstundenberechnung – Kollektivvertrag Metall-Gewerbe
Die Arbeitnehmerin Monika Rabeder verdient in der Stunde 19,15 EUR. Ihre Normalarbeitszeit beträgt 38,5 Stunden. Sie macht im Monat September 6 Stunden Mehrarbeit, 6 Überstunden (50 %) und 8 Überstunden (100 %). Wie hoch ist ihr Bruttoeinkommen im September?

Lösung:

	Monatlicher Grundlohn (GL)	€	3.198,05
+	Mehrarbeitsgrundlohn (MA-GL)	€	114,90
+	Mehrarbeitszuschlag (MZ-50 %)	€	57,45
+	Überstundengrundlohn (Ü-GL)	€	313,04
+	Überstundenzuschlag 50 % (ÜZ-50 %)	€	67,08
+	Überstundenzuschlag 100 % (ÜZ-100 %)	€	178,88
+	Zulagen		–
	Bruttolohn	**€**	**3.929,40**

Nebenrechnungen:

GL	=	Stundenlohn • MAZ = € 19,15/Std. • 167 Std.
	=	€ 3.198,05
MA-GL	=	€ 19,15/Std. • 6 = € 114,90
MZ-50 %	=	€ 19,15/Std. • 6 : 2 = € 57,45
Überstundenlohn	=	€ 19,15/Std. • 167 : 143 = € 22,36/Std.
Ü-GL	=	€ 22,36/Std. • (6 + 8) = € 313,04
ÜZ-50 %	=	€ 22,36/Std. • 6 : 2 = € 67,08
ÜZ-100 %	=	€ 22,36/Std. • 8 = € 178,88

Übungen – „Berechnung Mehrarbeit und Überstunden“

1. Für die Elektrotechnikerin Johanna Mairinger gilt der KV Metall-Gewerbe und sie verdient in der Stunde 19,50 EUR. Ihre Normalarbeitszeit beträgt 38,5 Stunden. Sie macht im Monat Juni 6 Stunden Mehrarbeit, 8 Überstunden (50 %) und 6 Überstunden (100 %). Wie hoch ist ihr Bruttoeinkommen im Juni? (Mehrstundenteiler = 167, Zuschlag 50 %, Überstundenteiler = 143)

2. Der Friseur Martin Koller verdient in der Stunde 13,25 EUR. Seine Normalarbeitszeit beträgt 40 Stunden. Er macht im Monat März 3 Überstunden zu 50 %. Wie hoch ist sein Bruttoeinkommen im März? (Überstundenteiler = 173)

3. Sie sind Arbeitnehmer in einem metallverarbeitenden Industriebetrieb. Ihr Grundlohn beträgt 3.366,00 EUR mtl. Im abgelaufenen Monat haben Sie 6 Std. Mehrarbeit, 15 Überstunden mit 50 % Zuschlag und 6 Überstunden mit 100 % Zuschlag geleistet. Wie hoch ist Ihr Bruttobezug im abgelaufenen Monat? (Mehr- bzw. Überstundenteiler = 143)

4. Der Grundlohn eines Meisters in einem Industriebetrieb (Metall) beträgt 4.115,00 EUR. Im April musste er 6 Stunden Mehrarbeit und 9 Überstunden (50 %) und keine Überstunden (100 %) machen. Er erhält Zulagen in der Höhe von 89,00 EUR. Wie hoch ist sein Bruttolohn im April? (Mehrarbeit- bzw. Überstundenteiler = 143)

WissensCheck – „Einführung in die Personalverrechnung“

1. Erläutern Sie die Stufenordnung im Arbeitsrecht.
2. Beschreiben Sie, worum es sich bei einem Kollektivvertrag handelt.
3. Zählen Sie die Merkmale eines Werkvertrages auf.
4. Erklären Sie die Verantwortungsbereiche der Lohnverrechnung.
5. Beschreiben Sie die Aufgaben der Personalverrechnung inner- und außerbetrieblich.
6. Nennen Sie die Grundlagen des Arbeitsrechts.
7. Beschreiben Sie, worum es sich bei einem Dienstzettel handelt und was er beinhaltet.
8. Zählen Sie die Anforderungsmerkmale auf, welche beim Verdienst eines Arbeitnehmers berücksichtigt werden.
9. Erklären Sie die Vorteile und Nachteile von Zeitlohn.
10. Zählen Sie die verschiedenen Akkordlohnarten auf.
11. Nennen Sie die unterschiedlichen Überstundenzuschläge. Unter welchen Voraussetzungen fallen diese an?
12. Erläutern Sie die Grenzen für die Höchstarbeit.

Ziele erreicht? – „Einführung in die Personalverrechnung“

Sie haben nun das Kapitel „Einführung in die Personalverrechnung“ durchgearbeitet und die Übungen gelöst. Nehmen Sie sich kurz Zeit und überlegen Sie sich, über welche Kompetenzen Sie nun in welchem Ausmaß verfügen. Überprüfen Sie auch Ihre persönlichen Lernziele, die Sie eingangs formuliert haben.

Ziele	🙂	😐	🙁
■ Ich kann die inner- und außerbetrieblichen Aufgaben der Personalverrechnung wiedergeben.			
■ Ich kann den Stufenbau der Rechtsvorschriften im Arbeitsrecht beschreiben.			
■ Ich kann den Ablauf beim Beginn eines Arbeitsverhältnisses erklären.			
■ Ich kann die Unterschiede zwischen Leistungs- und Zeitlohn darstellen.			
■ Ich kann einfache Lohnberechnungen für Leistungs- und Zeitlohnformen durchführen.			
■ Mein persönliches Ziel			
■ Mein persönliches Ziel			
■ Mein persönliches Ziel			

Vom Bruttolohn zum Auszahlungsbetrag

Sie haben nun in dem vorigen Kapitel einen guten Einblick erhalten, worum es in der Personalverrechnung geht und worauf zu achten ist.

Doch nun geht es darum, herauszufinden, wie denn genau der Auszahlungsbetrag, also der Nettobetrag des Einkommens zustande kommt. Daher erfahren Sie im nächsten Kapitel, welche Berechnungen hier durchgeführt und welche Fäden im Hintergrund gezogen werden.

Meine Ziele

Nach Bearbeitung dieses Kapitels kann ich

- die Abrechnung von Bezügen anhand eines Abrechnungsschemas anwenden;
- die verschiedenen Arten von Abzügen aufzählen;
- einfache Lohn- und Gehaltsabrechnungen durchführen;
- verschiedene Sonderfälle der Bezugsverrechnung (Überstunden und Mehrarbeit, Sachbezüge, Sonderzahlungen) passend anwenden.

- Mein persönliches Ziel ______________________
- Mein persönliches Ziel ______________________
- Mein persönliches Ziel ______________________

1 Vom Bruttolohn zum Auszahlungsbetrag (Abrechnung von Bezügen)

Nachdem Katrin jetzt erfahren hat, wie ihr Bruttolohn zustande kommt, möchte sie wissen, wie viel sie auf ihr Girokonto von ihrer Arbeitgeberin überwiesen bekommt. Als Lehrling muss sie Sozialversicherung (SV) bezahlen. Wie hoch ist der Beitrag als Facharbeiterin? Gibt es neben der SV noch andere gesetzliche Abzüge? Muss sich Katrin selbst bei der Sozialversicherung anmelden?

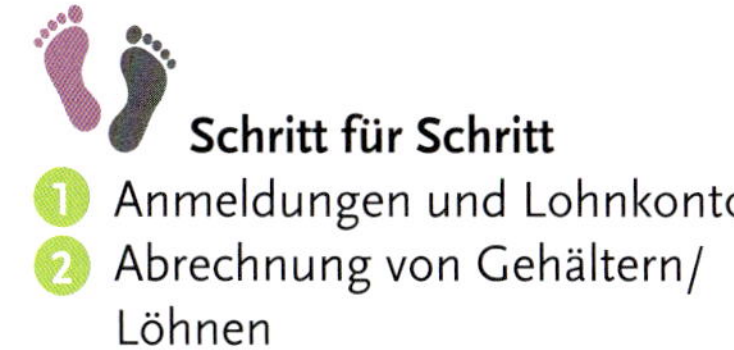

Schritt für Schritt
1. Anmeldungen und Lohnkonto
2. Abrechnung von Gehältern/Löhnen

Um vom Bruttolohn zum Nettolohn (Auszahlungsbetrag) zu gelangen, sind einige Schritte notwendig. Diese werden im folgenden Kapitel nun näher betrachtet:

2 Anmeldungen und Lohnkonto

Arbeitgeberinnen und Arbeitgeber sind verpflichtet, beschäftigte Arbeitnehmerinnen und Arbeitnehmer vor Dienstantritt bei der Österreichischen Gesundheitskasse (Sozialversicherung) anzumelden. Alle Arbeitgeber haben die erforderlichen SV-Meldungen (mBGM) ausnahmslos mit ELDA an die österreichischen Sozialversicherungsträger zu machen.

mBGM = monatliche Beitragsgrundlagenmeldung (Ersetzt die Meldung des Versicherungsverlaufs, die monatliche Beitragsrechnung und den jährlichen Lohnzettel).

ELDA = Elektronischer Datenausgleich.

Arbeitgeberinnen und Arbeitgeber haben für alle Arbeitnehmerinnen und Arbeitnehmer ein Lohnkonto einzurichten.

Ein Lohnkonto muss folgende Daten enthalten:
- Name der Arbeitnehmerin oder des Arbeitnehmers und Wohnsitz,
- Versicherungsnummer,
- Alleinverdiener/Alleinerzieherabsetzbetrag und Kinderzuschläge laut Antrag des Dienstnehmers,
- Name und Versicherungsnummer der (Ehe)Partnerin oder des (Ehe) Partners, wenn der Alleinverdienerabsetzbetrag berücksichtigt wurde,
- Name und Versicherungsnummer des Kindes/der Kinder, wenn der Kinderzuschlag/die Kinderzuschläge berücksichtigt wurden,
- Sozialversicherungsträger,
- monatlicher Bruttolohn und Sonderzahlungen,
- Pendlerpauschale/Pendlereuro, etc.

Rechtsgrundlagen: § 76 EStG Lohnkontenverordnung 2006

Das Lohnkonto bildet auch die Grundlage für die behördliche Prüfung der lohnabhängigen Daten.

Um diese Anmeldung vollständig und gültig durchführen zu können, benötigt die Arbeitgeberin bzw. der Arbeitgeber folgende Unterlagen:
- Identitätsnachweis (Reisepass, Führerschein, Personalausweis etc.),
- Sozialversicherungsnummer und Beitragskontonummer (von Sozialversicherung),
- Mitteilung des Finanzamtes über Freibetrag,
- Erklärung zur Berücksichtigung des Alleinverdiener- bzw. Alleinerhalterabsetzbetrages,
- Erklärung zur Berücksichtigung des Pendlerpauschales und des Pendlereuros,
- Lohnzettel des früheren Arbeitgebers, wenn das Dienstverhältnis während des Kalenderjahres begonnen wird.

Auf einem Lohnzettel werden die im laufenden Kalenderjahr bei einem anderen Dienstgeber erhaltenen Bezüge ausgewiesen.

Übung – „Anmeldungen und Lohnkonto“

- Bestandteile einer Lohnabrechnung: Zettel mit Lohnabrechnung (SV mit 17,12 %)

LOHN/GEHALTSABRECHNUNG JÄNNER 2024

```
Firma:                              Ernst Eder e. U.          DVR-Nr.: 9999
Person:                             Böck Andreas              SV-Nr. 1111 160683

Böck Andreas                        Beruf                     : Facharbeiter
Willingerstraße 23                  Eintritt                  : 20../01/02
A-4020 Linz                         Austritt                  :
```

LSt-Tage	SV-Tage	Freibetrag	AV/AE	Pendlerp./-euro	Verw-Gr	Tarifgruppe
30	30		Nein	Nein	1	Arbeiter

LA-Nr.	Bezeichnung	Menge	Satz	Betrag	BMGL SV	LSt-pfl.
1200	Monatslohn			2.200,00	2.200,00	2.200,00
	Brutto			**2.200,00**		
	SV Beitrag lfd.			-376,64	2.200,00	
	LSt lfd.			-111,44		1.801,36
	Summe Abzüge			-488,08		
	Netto			**1.711,92**		
	Gewerkschaft			-22,00		
	Auszahlung			**1.689,92**		
	BV-Beitrag			33,66	2.200,00	

IBAN: AT57 1800 0000 0074 1953 BIC: VBBLAT2LXXX Volkskreditbank AG

Zusätzlich zum Bruttobezug entstehen dem Dienstgeber folgende Kosten:

SV Beitrag Dienstgeber 20,98 %	461,56	2.200,00
Dienstgeberbeitrag (DB) 3,7 %	81,40	2.200,00
Zuschlag zum Dienstgeberbeitrag (DZ) 0,32 %	7,04	2.200,00
Kommunalsteuer 3,0 %	66,00	2.200,00
Gesamtaufwand der Lohn/Gehaltskosten beträgt somit	2.816,00	

JAHRESSUMMEN :

		Bezüge § 67 (1,2) EStG:	0,00
Brutto ohne § 26 EStG:	2.200,00	Jahressechstel:	4.400,00
Zulagen, Zuschläge § 68 EStG:	0,00	J/6 Überhang:	0,00
Steuerfreie Bezüge § 26 EStG:	0,00	Bezüge § 37 (3-8) ESt	0,00
SV Beitrag lfd.:	376,64	SV-Beitrag SZ	0,00
LSt. lfd.:	111,44	LSt. SZ	0,00

DVR-Nr. = Datenverarbeitungsnummer

LSt-Tage = Lohnsteuer Tage

SV-Tage = Sozialversicherung Tage

BMG SV lfd = Bemessungsgrundlage Sozialversicherung laufend

BMG SV SZ = Bemessungsgrundlage Sozialversicherung Sonderzahlung

BMG LSt lfd = Bemessungsgrundlage Lohnsteuer laufend

BMG LSt SZ = Bemessungsgrundlage Lohnsteuer Sonderzahlung

SV lfd = Sozialversicherung laufend

SV SZ = Sozialversicherung

Sonderzahlung

LSt lfd = Lohnsteuer laufend

LSt SZ = Lohnsteuer Sonderzahlung

Weitere Infos zu Abkürzungen auf Ihrem Lohn- oder Gehaltszettel finden Sie unter http://lohnzettel.arbeiterkammer.at

Beantworten Sie folgende Fragen zu der Lohnabrechnung und markieren Sie, wo diese auf dem Lohnzettel zu finden sind:

1. Wie hoch ist der Bruttogehalt?

2. Wie heißt der Empfänger?

3. Welche Abzüge werden in dieser Abrechnung abgezogen? Wie hoch sind diese Abzüge?

4. Wie hoch ist der Überweisungsbetrag auf das Konto des Arbeitnehmers?

5. Wo hat der Arbeitnehmer sein Konto?

3 Abrechnung von Gehältern/Löhnen

Abrechnungsschema

Die Abrechnung von Bezügen erfolgt nach dem Schema:

	Bruttobezug (Lohn, Gehalt ...)
–	Sozialversicherung
–	Lohnsteuer
–	sonstige Abzüge
	Nettobezug

Sonstige Abzüge sind z. B.:

- Gewerkschaftsbeitrag
- Betriebsratsumlage
- Vorschussrückzahlungen

3.1 Sozialversicherung

Die Sozialversicherung ist das Herzstück des österreichischen Sozialrechts. Es herrscht das System der **Pflichtversicherung,** d. h., alle im Inland selbstständig und unselbstständig erwerbstätigen Personen müssen sozialversichert sein.

§ Grundlage ist das Allgemeine Sozialversicherungsgesetz, **ASVG,** von 1957

Finanziert wird die Sozialversicherung durch die Sozialversicherungsbeiträge, die bei unselbstständigen Erwerbstätigen von Arbeitgebern und Arbeitnehmern gemeinsam, bei selbstständig Erwerbstätigen ausschließlich von den Selbstständigen aufgebracht werden.

Die Sozialversicherung umfasst folgende vier Hauptbereiche:

Die Beiträge zur Sozialversicherung sind sowohl vom Dienstnehmer (SV-DNA) als auch vom Dienstgeber (SV-DGA) zu leisten.

Die Anteile zur Unfallversicherung werden zur Gänze vom Dienstgeber bezahlt!

Insgesamt gibt es für diese Sparten derzeit 5 Sozialversicherungsträger. Diese sind im Hauptverband der österreichischen Sozialversicherungsträger zusammengeschlossen.

Beschäftigtengruppen

Die Beschäftigtengruppen bilden die Basis des modularen Tarifsystems. Jeder Versicherte wird einer Beschäftigtengruppe zugeteilt. Die Ergänzungen und die Zuschläge sowie Abschläge erhöhen bzw. vermindern den Basisprozentsatz der jeweiligen Beschäftigtengruppe.

Beispiele für Beschäftigtengruppen:

Beschäftigtengruppe
Arbeiter
Angestellte
Geringfügig beschäftigte Arbeiter
Geringfügig beschäftigte Angestellte
Angestellten Lehrlinge
Arbeiter Lehrlinge
Freie Dienstnehmer - Arbeiter
Geringfügig beschäftigte Freie Dienstnehmer - Arbeiter

Die vollständige Auflistung der Beschäftigtengruppen sowie Details zu den Ab- und Zuschlägen finden Sie in der TRAUNER-DigiBox.

Beitragssätze – Dienstnehmeranteil für Arbeiter und Angestellte
Der Dienstnehmeranteil zur Sozialversicherung beträgt von € 2.306,01 bis zur Höchstbeitragsgrundlage:

Beschäftigtengruppe	DNA	Stand: 2024	Aktueller Wert
Arbeiter Angestellte	Pensionsversicherung	10,25 %	
	Krankenversicherung	3,87 %	
	Arbeitslosenversicherung	2,95 %	
	DNA ohne KU/WF	17,07 %	
	Kammerumlage	0,50 %	
	Wohnbauförderungsbeitrag	0,50 %	
	DNA mit KU/WF	18,07 %	

Suchen Sie im Internet nach den aktuellen Werten und tragen Sie diese in die Tabellen ein.

3.1.1 Höchstbeitragsgrundlage

Der Dienstnehmeranteil wird nur bis zu einem bestimmten Betrag, der sogenannten **Höchstbeitragsgrundlage,** eingehoben. Das bedeutet, dass darüberliegende Lohn- oder Gehaltsteile nicht mehr der Sozialversicherung unterliegen.

	Stand: 2024 (monatlich)	Aktueller Wert (monatlich)
Höchstbeitragsgrundlage	€ 6.060,00	

Suchen Sie im Internet nach den aktuellen Werten und tragen Sie diese in die Tabellen ein.

3.1.2 Einkommensabhängige Minderung der Arbeitslosenversicherung

Verminderung des Dienstnehmerbeitrages zur Arbeitslosenversicherung für Kleinverdiener: Dies gilt ohne Unterschied für **Arbeiterinnen und Arbeiter** und **Angestellte**.

Grenzbeträge 2024	Aktueller Wert	%-Satz DNA mit KU/WF
bis € 1.951,00		15,12 %
über € 1.951,00 bis € 2.128,00		16,12 %
über € 2.128,00 bis € 2.306,00		17,12 %
über € 2.306,00 bis € 6.060,00		18,07 %

Die genannten Beträge werden jährlich angepasst.

Beispiel: Berechnung des Dienstnehmeranteils
Wir berechnen den Dienstnehmeranteil zur Sozialversicherung mit Kammerumlage (KU) und Wohnbauförderungsbeitrag (WF).

Arbeitnehmer/in	Monatsbezug	% DNA mit KU/WF	Betrag
a) Angestellter	€ 2.700,00	18,07	€ 487,89
b) Arbeiterin	€ 1.600,00	15,12	€ 241,92
c) Arbeiter	€ 1.198,00	15,12	€ 181,14

Nebenrechnungen:
a) € 2.700,00 : 100% • 18,07 % = € 487,89
b) € 1.600,00 : 100% • 15,12 % = € 241,92
c) € 1.198,00 : 100% • 15,12 % = € 181,14

Übung – „Sozialversicherung“

- Berechnen Sie den Arbeitnehmeranteil zur Sozialversicherung mit Kammerumlage und Wohnbauförderungsbeitrag für folgende Arbeitnehmerinnen und Arbeitnehmer:

Arbeiterinnen, Arbeiter und Angestellte **innerhalb** der Höchstbeitragsgrundlage

Arbeitnehmer/in	Monatsbezug	% DNA mit KU/WF	Betrag
Konditor	€ 2.366,00		
Facharbeiterin	€ 2.925,00		
Arbeiter	€ 2.312,50		

Angestellte **über** der Höchstbeitragsgrundlage

Arbeitnehmer/in	Monatsbezug	% DNA mit KU/WF	Betrag
Bauingenieur	€ 7.972,00		
Prokuristin	€ 6.649,00		
Marktleiter	€ 6.850,00		

Arbeiterinnen, Arbeiter und Angestellte, die als **Arbeitnehmer/innen mit geringem Einkommen** gelten

Arbeitnehmer/in	Monatsbezug	% DNA mit KU/WF	Betrag
Hilfsarbeiter	€ 1.830,00		
Raumpflegerin	€ 1.312,00		
Bäckergehilfe	€ 1.990,00		

3.2 Berechnung der Lohnsteuer

Die Lohnsteuer wird hier nur insoweit behandelt, als sie für die Lohn- und Gehaltsabrechnungen von Bedeutung ist.

Die Lohnsteuer ist die Einkommensteuer der Arbeitnehmerin oder des Arbeitnehmers. Sie wird nicht vom Bruttobezug, sondern von der **Bemessungsgrundlage** berechnet. Bei der Ermittlung müssen Posten, die die Bemessungsgrundlage vermindern bzw. erhöhen, berücksichtigt werden.

Posten, die die Bemessungsgrundlage vermindern

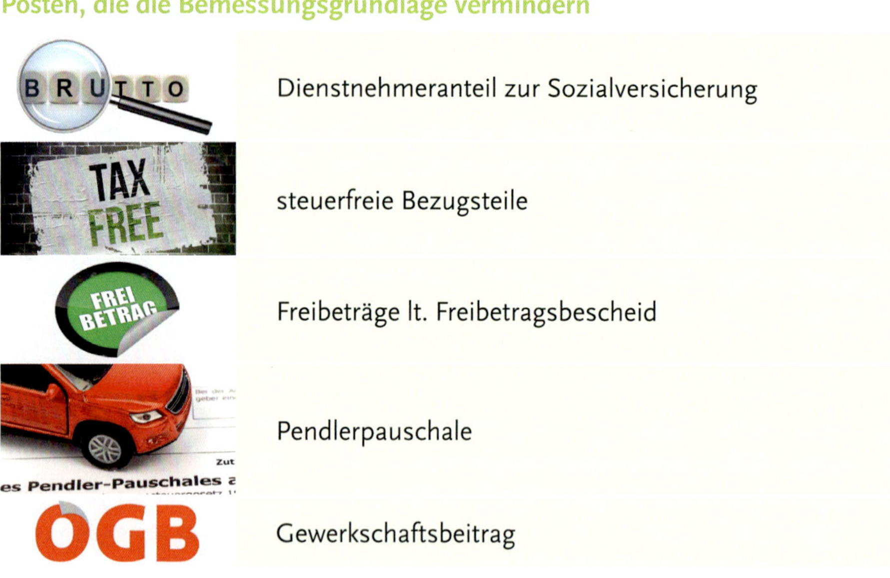

Dienstnehmeranteil zur Sozialversicherung

Zur Ermittlung der Lohnsteuerbemessungsgrundlage wird der Dienstnehmeranteil zur Sozialversicherung abgezogen.

Steuerfreie Bezugsteile

Im EStG sind Bezüge aufgezählt, die unter bestimmten Voraussetzungen steuerfrei sind:

Der § 68 EStG sieht für die genannten Bezüge Freibeträge vor. Werden die Freibeträge überschritten, unterliegt dies der normalen Lohnsteuer.

EStG = Einkommensteuergesetz.

Freibetrag, Freibetragsbescheid

Das Einkommensteuergesetz sieht vor, dass Freibeträge im Zuge der Arbeitnehmerveranlagung beim Wohnsitzfinanzamt geltend gemacht werden können. Der vom Finanzamt ausgestellte Freibetragsbescheid ist dem Arbeitgeber vorzulegen.

Freibeträge können geltend gemacht werden für
- bestimmte Werbungskosten (z. B. Arbeitskleidung),
- Sonderausgaben (z. B. Nachkauf von Versicherungszeiten),

- außergewöhnliche Belastungen (z. B. Aufwendungen zur Beseitigung von Katastrophenschäden).

Pendlerpauschale

Grundsätzlich sind die Fahrtkosten zwischen Wohnung und Arbeitsstätte durch den Verkehrsabsetzbetrag abgegolten. Unter bestimmten Voraussetzungen besteht jedoch auch der Anspruch auf das kleine oder das große Pendlerpauschale.

Kleines Pendlerpauschale	Großes Pendlerpauschale
■ Der Arbeitsplatz mindestens 20 km vom Wohnort entfernt. ■ Die Benützung eines öffentlichen Verkehrsmittels ist zumutbar.	■ Der Arbeitsplatz mindestens zwei Kilometer vom Wohnort entfernt. ■ Auf zumindest der halben Fahrtstrecke ist die Benützung eines öffentlichen Verkehrsmittels „nicht zumutbar".

Entfernung	Kleines Pauschale	Großes Pauschale
	2024	2024
2 – 20 km	€ 0,00	€ 31,00
20 – 40 km	€ 58,00	€ 123,00
40 – 60 km	€ 113,00	€ 214,00
über 60 km	€ 168,00	€ 306,00

Pendlerpauschale für Teilzeitbeschäftigte:
- bei 4 bis 7 Fahrten pro Monat: 1/3 des Pendlerpauschales,
- bei 8 bis 10 Fahrten pro Monat: 2/3 des Pendlerpauschales,
- ab 11 Fahrten pro Monat steht das volle Pendlerpauschale zu.

⚠ Das Pendlerpauschale vermindert nur die Lohnsteuerbemessungsgrundlage.

Pendlereuro

Zusätzlich zum Pendlerpauschale hat der Pendler Anspruch auf den Pendlereuro. Der Pendlereuro ist ein Absetzbetrag, das heißt, er vermindert direkt die Lohnsteuer. Pro Jahr steht dem Arbeitnehmer bzw. der Arbeitnehmerin ein Betrag von **2,00 Euro** je km der einfachen Wegstrecke zwischen Wohnung und Arbeitsstätte zu.

⚠ Der Pendlereuro vermindert die errechnete Lohnsteuer.

Beispiel
Einfache Wegstrecke = 24 km.
Die Lohnsteuer vermindert sich wie folgt:

24 · 2 : 12 = **4,00 Euro** monatlich (Stand 2024)

Aha!
Die tatsächliche Höhe des Pendlerpauschales und des Pendlereuros wird mithilfe des Pendlerrechners, der vom Bundesministerium für Finanzen online zur Verfügung gestellt wird, ermittelt: https://pendlerrechner.bmf.gv.at/pendlerrechner. Das ausgedruckte Formular des Berechnungsergebnisses ist dem Dienstgeber zu übergeben.

Gewerkschaftsbeitrag für Arbeiter und Angestellte in der Privatwirtschaft

Der Gewerkschaftsbeitrag wird von den laufenden Bezügen berechnet und stellt für Arbeitnehmerinnen und Arbeitnehmer Werbungskosten dar. Wird er vom Arbeitgeber einbehalten, fließt er in die Berechnung der Lohnsteuerbemessungsgrundlage ein.

⚠ Einzelne Fachgewerkschaften haben zum Teil abweichende Regelungen.

Nähere Auskünfte finden Sie unter www.gpa.at.

	Maximal monatlich	
	1. Jänner 2024	aktuell
Höhe: 1 % der laufenden Bezüge	€ 38,70	

3.2.1 Erhöhung der Bemessungsgrundlage

Sachbezüge erhöhen nur die Lohnsteuerbemessungsgrundlage und somit die Lohnsteuer!

Vorteile aus einem Dienstverhältnis, die nicht aus Bargeld bestehen, aber in Geldwert umgerechnet werden, nennt man **Sachbezüge.** Sie müssen mit dem im EStG festgelegten Wert bei der Berechnung der Lohnsteuerbemessungsgrundlage berücksichtigt werden.

Beispiele

- Freie Wohnung oder freie Verpflegung
- Nutzung eines arbeitgebereigenen Parkplatzes
- Privatnutzung eines Firmenfahrzeuges u. a. m.

3.2.2 Berechnung der Lohnsteuerbemessungsgrundlage

Aus genannten Positionen ergibt sich für die Ermittlung der Lohnsteuerbemessungsgrundlage folgendes Schema:

  Gesamtbruttobezug
– Sozialversicherung
– steuerfreie Bezugsteile
– Freibetrag lt. Freibetragsbescheid
– Pendlerpauschale
– Gewerkschaftsbeitrag
\+ Sachbezüge
Lohnsteuerbemessungsgrundlage

3.2.3 Ermittlung der Lohnsteuer aus der Lohnsteuerbemessungsgrundlage

Vor der Berechnung der Lohnsteuer ist noch zu klären, ob dem Arbeitnehmer bzw. der Arbeitnehmerin der Alleinverdiener- bzw. Alleinerhalterabsetzbetrag und etwaige Kinderzuschläge zustehen oder nicht.

Wer gilt als Alleinverdiener/-in oder Alleinerzieher/-in?

Alleinverdiener/-in ist, wenn der Arbeitnehmer/die Arbeitnehmerin ...

- ... mehr als 6 Monate verheiratet ist, **ein oder mehrere Kinder** hat und der Ehepartner im Jahr **maximal 6.937,00 EUR** verdient.
- ... mehr als 6 Monate in einer Partnerschaft lebt, **ein oder mehrere Kinder** hat und der/die Partner/-in im Jahr **maximal 6.937,00 EUR** verdient.

Alleinerzieher/-in ist, wer **ein oder mehrere Kinder** hat und seit mehr als 6 Monaten in keiner Partnerschaft lebt.

Alleinverdiener/innen bzw. Alleinerzieher/innen stehen je nach Anzahl der Kinder folgende Absetzbeträge zu:

Monatliche Lohnsteuerersparnis	Wert 2024	Aktueller Wert
Alleinverdiener/Alleinerzieher mit 1 Kind	€ 47,67	
Alleinverdiener/Alleinerzieher mit 2 Kindern	€ 64,50	
Alleinverdiener/Alleinerzieher mit 3 Kindern	€ 85,75	
Für jedes weitere Kind zusätzlich	€ 21,25	

Merke:

AVAB = Alleinverdienerabsetzbetrag

AEAB = Alleinerzieherabsetzbetrag

Seit 1. 1. 2019 gilt in Österreich der Familienbonus Plus. Mehr Informationen dazu finden Sie im Kapitel Arbeitnehmerveranlagung.

Ab 1. Jänner 2023 werden die Steuerstufen und die Absetzbeträge an die Inflation angepasst. Man spricht bei dieser Maßnahme von der Abschaffung der „kalten Progression“.

Lohnsteuertabelle/Lohnsteuerberechnung

Die tatsächliche Lohnsteuer unter Berücksichtigung der Absetzbeträge kann in einer im Handel erhältlichen Lohnsteuertabelle nachgeschlagen oder mithilfe der unten angeführten Tabelle über den angeführten Grenzsteuersatz selbst berechnet werden.

Effektiv-Tarif-Tabelle ab 1. Jänner 2024			Abzugsbeträge ohne Familienbonus Plus				
von	bis	Grenzsteuersatz %	OHNE AVA	MIT AVA und 1 Kind	Mit AVA und 2 Kinder	Mit AVA und 3 Kinder	Weitere Kinder
1.079,01	1.745,83	20,0%	254,383	302,050	318,883	340,133	
1.745,84	2.887,08	30,0%	428,967	476,634	493,467	514,717	
2.887,09	5.562,00	40,0%	717,675	765,342	782,175	803,425	Absetzbetrag für 3 Kinder + 21,250 je weiteres Kind
5.562,01	8.283,17	48,0%	1.162,635	1.210,302	1.227,135	1.248,385	
8.283,18	[1] 83.344,33	50,0%	1.328,298	1.375,965	1.392,798	1.414,048	

[1] Ab diesem Betrag beträgt der Grenzsteuersatz 55 %.

Effektiv-Tarif-Tabelle ab 20..			Abzugsbeträge in Euro (ohne Familienbonus Plus)				
Beträge in Euro		Grenzsteuersatz %	Ohne AVAB	Mit AVA und 1 Kind	Mit AVA und 2 Kinder	Mit AVA und 3 Kinder	Weitere Kinder
von	bis						

Schritt für Schritt

1. Suchen Sie die Zeile, in der die Bemessungsgrundlage liegt.
2. Multiplizieren Sie mit dem Grenzsteuersatz. Runden Sie das Ergebnis auf drei Dezimalstellen.
3. Ziehen Sie den Abzugsbetrag ab.

Beispiel: Lohnsteuer berechnen
Wir berechnen die Lohnsteuer aus der Bemessungsgrundlage:
Arbeitnehmer mit AVAB und 2 Kindern; Bemessungsgrundlage 1.966,00 EUR.

LSt-BMGL in € von	bis	% Grenzsteuersatz
1.079,01	1.745,83	20,00
❶ 1.745,84	2.887,08	30,00

❷	1.966,00 : 100 • 30,00	= €	589,800
❸	– Abzugsbetrag (mit AVAB und 2 Kindern)	€	493,467
		€	96,333
	Lohnsteuer	**= €**	**96,33**

⚠ Bei den nebenstehenden Beispielen wird angenommen, dass der Familienbonus Plus im Rahmen der Arbeitnehmerveranlagung beantragt wird.

Beispiel: Ermittlung der Lohnsteuerbemessungsgrundlage und der Lohnsteuer
Arbeiter, Bruttolohn 2.955,00 EUR; Freibetrag lt. Freibetragsbescheid 33,00 EUR; kleines Pendlerpauschale 113,00 (.........) EUR; Gewerkschaftsmitglied, Pendlereuro 7,00 (.........) EUR monatlich.

Wie hoch sind die Lohnsteuerbemessungsgrundlage und die Lohnsteuer ohne AVAB sowie mit AVAB/AEAB und mit 2 Kindern?

Bruttobezug	€	2.955,00
– Sozialversicherung (18,07 %)	€	533,97
– Freibetrag	€	33,00
– Pendlerpauschale	€	113,00
– Gewerkschaftsbeitrag	€	29,55
Lohnsteuerbemessungsgrundlage	**€**	**2.245,48**

2.245,48 : 100 • 30,0 = **€ 673,444**

Lohnsteuer
ohne AVAB **€ 237,68** (673,444 – 428,967 – 7,00)
mit AVAB/2 Kinder **€ 173,18** (673,444 – 493,467 – 7,00)

Übungen – „Berechnung der Lohnsteuer"

1. Berechnen Sie die Lohnsteuer für Arbeitnehmerinnen bzw. Arbeitnehmer (Die Bemessungsgrundlage wurde bereits ermittelt):

	BMGL	ohne AVAB	mit AVAB 1 Kind	mit AVAB 2 Kinder
a)	€ 1.920,50			
b)	€ 3.311,60			
c)	€ 1.212,00			
d)	€ 4.356,00			

2. Berechnen Sie die Lohnsteuer für Arbeitnehmerinnen bzw. Arbeitnehmer (Die Bemessungsgrundlage wurde bereits ermittelt):

	BMGL	ohne AVAB	mit AVAB 1 Kind	mit AVAB 4 Kind	mit AVAB 5 Kinder
a)	€ 1.820,50				
b)	€ 1.245,46				
c)	€ 1.799,68				
d)	€ 2.111,11				

3. Berechnen Sie die Lohnsteuerbemessungsgrundlage und die Lohnsteuer ohne und mit AVAB bzw. mit 1/2/3 Kindern:
   a) Hilfsarbeiter, Monatslohn € 1.789,00; kein Freibetrag
   b) Facharbeiter, Monatslohn € 2.715,00; Freibetrag € 45,00 kleines Pendlerpauschale € 58,00 (.........), Gewerkschaftsmitglied, Pendlereuro € 5,50 (.........) monatlich.
   c) Facharbeiterin, Monatslohn € 2.950,00; Freibetrag € 142,00 großes Pendlerpauschale € 31,00 (.........), Pendlereuro € 3,00 (.........) monatlich.

3.3 Einfache Lohn- und Gehaltsabrechnungen

Mit den bisher erworbenen Kenntnissen können Sie nun bereits eine einfache Lohn- und Gehaltsabrechnung erstellen. Um dieses Wissen zu festigen, bietet das folgende Beispiel noch einmal einen guten Überblick und dient als Vorbereitung für die folgenden Übungen.

Beispiel: Einfache Gehaltsabrechnung
Frau Rieger, eine Angestellte, hat einen Grundbezug von 2.766,00 EUR. Sie ist Alleinerzieherin und hat 2 Kinder. Steuerfreibetrag: 22,00 EUR; Pendlerpauschale: 58,00 (.........) EUR; Pendlereuro: 4,00 (.........) EUR monatlich; Gewerkschaftsmitglied. Wie hoch ist ihr Nettobezug?

Lösung:

Berechnung Nettobezug

	Gehalt	€ 2.766,00
–	18,07 % SV	€ 499,82
–	Lohnsteuer	€ 150,09
–	Gewerkschaftsbeitrag	€ 27,66
	Nettobezug	**€ 2.088,43**

Berechnung der Lohnsteuer

	Gehalt	€ 2.766,00
–	Sozialversicherung	€ 499,82
–	Freibetrag	€ 22,00
–	Pendlerpauschale	€ 58,00
–	Gewerkschaftsbeitrag	€ 27,66
	Lohnsteuer-BMGL	**€ 2.158,52**

2.158,52 : 100 • 30 = 647,557
647,557 – 493,467 – 4,00 = **€ 150,09**

Bei den nebenstehenden Beispielen wird angenommen, dass der Familienbonu Plus im Rahmen der Arbeitnehmerveranlagung beantragt wird.

Frau Rieger muss **150,09 EUR** Lohnsteuer bezahlen. Sie erhält einen Nettobezug von **2.088,43 EUR.**

Übungen – „Einfache Lohn- und Gehaltsabrechnung"

1. Berechnen Sie für folgenden Arbeitnehmer den Nettobezug:

Name	Hofmann Gerhard
Monatslohn/Gehalt	€ 3.144,00
Freibetrag lt. Freibetragsbescheid	€ 31,00
Pendlerpauschale/Pendlereuro	–
Gewerkschaftsmitglied ja/nein	nein
AVAB – AEAB ja/nein	nein
Anzahl der Kinder	0

2. Berechnen Sie für folgende Arbeitnehmerin Nettobezug:

Name	Kirchgatterer Renate
Monatslohn/Gehalt	€ 2.936,00
Freibetrag laut Freibetragsbescheid	€ 0,00
Pendlerpauschale	€ 123,00 (.........) monatlich
Gewerkschaftsmitglied ja/nein	nein
AVAB – AEAB ja/nein	ja
Anzahl der Kinder	2
Pendlereuro	€ 5,00 (.........) monatlich
Famlienbonus Plus im Rahmen der Arbeitnehmerveranlagung	

3. Berechnen Sie für folgenden Arbeitnehmer den Nettobezug:

Name	Neudorfer Alexander
Monatslohn/Gehalt	€ 3.845,00
Freibetrag laut Freibetragsbescheid	€ 69,00
Pendlerpauschale	€ 214,00 (.........) monatlich
Gewerkschaftsmitglied ja/nein	ja
AVAB – AEAB ja/nein	nein
Anzahl der Kinder	3
Pendlereuro	€ 10,00 (.........) monatlich
Famlienbonus Plus im Rahmen der Arbeitnehmerveranlagung	

3.4 Mehrarbeit und Überstunden

Die Berechnung von Mehrarbeit und Überstunden lernten Sie weiter vorne im Kapitel auf Seite 23 unter Punkt 4.2.3 Berechnung der Mehrarbeit und der Überstunden. Nun geht es darum, wie diese steuerlich behandelt werden.

Sozialversicherung für Mehrarbeit und Überstunden

Mehrarbeit und Überstunden unterliegen im Rahmen der Höchstbeitragsgrundlage voll der Sozialversicherung.

Entlohnung als ...	Steuerpflichtig oder steuerfrei?
Mehrarbeit	voll steuerpflichtig
Überstundengrundlohn	voll steuerpflichtig
Zuschlag 50 %	Die ersten **18** Mehr- und Überstundenzuschläge 50 % im Monat sind bis zum Betrag von maximal **200,00 EUR** steuerfrei. Weitere 50%ige Zuschläge unterliegen der normalen Lohnsteuer.
Zuschlag 100 %	100 %ige Zuschläge für Sonntags- und Feiertagsarbeit sowie für Nachtarbeit sind bis 400,00 EUR monatlich steuerfrei (bei überwiegender Nachtarbeit bis 600,00 EUR). Nachtarbeit liegt nach dem EStG dann vor, wenn in der Zeit zwischen 19:00 und 07:00 Uhr mindestens 3 Stunden zusammenhängend gearbeitet wurde.

Ein Formular für das Berechnungsschema finden Sie im Anhang des Buches auf Seite 76.

Berechnungsschema für Nettolohnberechnung

Das Berechnungsschema ist folgendermaßen aufgebaut:

	Teiler	Anzahl	Betrag (€)	SV-pflichtig (€)	LSt-pflichtig (€)
Grundlohn					
+ Mehrarbeitsgrundlohn					
+ Mehrarbeitszuschlag					
+ Überstundengrundlohn					
+ Überstundenzuschlag 50 %					
+ Überstundenzuschlag 100 % frei					
+ Überstundenzuschlag 100 % pfl.					
+ Zulagen					
Bruttoeinkommen					
– SV-Beitrag				– SV	
– Wohnbauförderungsbeitrag				– WF	
– Arbeiterkammerumlage				– KU	
– Lohnsteuer				– Freibetrag	
– Gewerkschaftsbeitrag				– Pendlerp.	
				– Gewerkschaft	
Nettolohn (Auszahlungsbetrag)				– Sachbezug	
				LSt-BMGL	

Beispiel: Berechnung des Nettobezuges mit Mehrarbeit und Überstunden
Ein Arbeiter arbeitet 38,5 Stunden in der Woche und hat einen Grundlohn von 2.766,00 EUR monatlich. Er ist Alleinerzieher und hat 2 Kinder.
Steuerfreibetrag: € 22,00; kleines Pendlerpauschale € 58,00 (.........), Pendlereuro = € 4,00 (.........) monatlich.
Er hat im abgelaufenen Monat 6 Stunden Mehrarbeit mit 50 % Zuschlag, 12 Überstunden mit 50 % Zuschlag und 3 Überstunden mit 100 % Zuschlag an einem Feiertag geleistet. (Mehrstundenteiler = 167, 50 % Zuschlag, Überstundenteiler = 167)

Wie hoch ist sein Nettobezug?

Der Familienbonus Plus wird im Rahmen der Arbeitnehmerveranlagung beantragt.

	Teiler	Anzahl	Betrag (€)	SV-pflichtig (€)	LSt-pflichtig (€)
Grundlohn			2.766,00	2.766,00	2.766,00
+ Mehrarbeitsgrundlohn	167	6	99,36	99,36	99,36
+ Mehrarbeitszuschlag	167	6	49,68	49,68	0,00
+ Überstundengrundlohn	167	15	248,40	248,40	248,40
+ Überstundenzuschlag 50 %	167	12	99,36	99,36	0,00
+ Überstundenzuschlag 100 % frei	167	3	49,68	49,68	0,00
+ Überstundenzuschlag 100 % pfl.				0,00	0,00
+ Zulagen				0,00	0,00
Bruttoeinkommen			**3.312,48**	**3.312,48**	**3.113,76**
– SV-Beitrag	17,07 %		565,44	– SV	565,44
– Wohnbauförderungsbeitrag	0,50 %		16,56	– WF	16,56
– Arbeiterkammerumlage	0,50 %		16,56	– KU	16,56
– Lohnsteuer			233,09	– Freibetrag	22,00
– Gewerkschaftsbeitrag			0,00	– Pendlerp.	58,00
Nettolohn (Auszahlungsbetrag)			**2.480,84**	– Gewerkschaft	0,00
				– Sachbezug	0,00
				LSt-BMGL	**2.435,20**

Mehrarbeit:	2.766,00 : 167 = 16,56 • 6	=	99,36
MA-Zuschlag 50 %:	99,36 : 2	=	49,68
Ü-Grundlohn:	2.766,00 : 167 = 16,56 • 15	=	248,40
ÜZ 50 %:	16,56 : 2 • 12	=	99,36
ÜZ 100 %:	10,56 • 3	=	49,68

Lohnsteuer:
2.435,20 : 100 • 30 = 730,56
730,56 – 493,467 – 4 = 233,09

Die 6 MA-Zuschläge und die 12 ÜZ 50 % (= zusammen 18) sind steuerfrei.

Sozialversicherung:

SV-Beitrag	= 3.312,48 • 17,07 : 100	=	565,44
WF:	= 3.312,48 • 0,5 : 100	=	16,56
KU:	= 3.312,48 • 0,5 : 100	=	16,56

Übungen – „Mehrarbeit und Überstunden"

1. Monatsabrechnungen mit Überstunden und Mehrarbeit:

Name	**Hofmann Gerhard** **Qualifizierter Facharbeiter Gewerbe**
Monatslohn/Gehalt	€ 3.344,00
Freibetrag laut Freibetragsbescheid	–
Pendlerpauschale	–
Gewerkschaftsmitglied (ja/nein)	nein
AVAB – AEAB (ja/nein)	ja
Anzahl der Kinder	1
Mehrarbeit	4,5 Stunden (Teiler = 167, 50 % Zuschlag)
Überstunden 50 % Zuschlag	8 (Teiler = 143)
Famlienbonus Plus im Rahmen der Arbeitnehmerveranlagung	

2. Monatsabrechnungen mit Überstunden und Mehrarbeit:

Name	**Kirchgatterer Renate** **Facharbeiterin Gewerbe**
Monatslohn/Gehalt	€ 2.936,00
Freibetrag laut Freibetragsbescheid	€ 0,00
Pendlerpauschale/-euro	€ 123,00 (.........) /€ 5,00 (.........) mtl
Gewerkschaftsmitglied (ja/nein)	ja
AVAB – AEAB (ja/nein)	ja
Anzahl der Kinder	2
Mehrarbeit	4 Stunden (Teiler = 167, 50 % Zuschlag)
Überstunden 50 % Zuschlag	7 (Teiler = 143)
Überstunden 100 % Zuschlag	6 (steuerfrei), (Teiler = 143)
Zulagen	€ 230,00 (Lst.- und SV-pflichtig)

Famlienbonus Plus im Rahmen der Arbeitnehmerveranlagung

3. Monatsabrechnungen mit Überstunden und Mehrarbeit:

Name	**Neudorfer Alexander** **Bäckergewerbe**
Monatslohn/Gehalt	€ 2.145,00
Freibetrag laut Freibetragsbescheid	€ 69,00
Pendlerpauschale	–
Gewerkschaftsmitglied (ja/nein)	nein
AVAB – AEAB (ja/nein)	nein
Anzahl der Kinder	–
Mehrarbeit	–
Überstunden 50 % Zuschlag	16 (Teiler = 167)
Zulagen	€ 140,00 (Lst.- und SV-pflichtig)

4. Monatsabrechnungen mit Überstunden und Mehrarbeit:

Name	**Pichler Ingrid** **Angestellte Metallindustrie**
Monatslohn/Gehalt	€ 2.925,00
Freibetrag laut Freibetragsbescheid	€ 55,00
Pendlerpauschale	€ 214,00 (.........) monatlich
Gewerkschaftsmitglied (ja/nein)	ja
AVAB – AEAB (ja/nein)	ja
Anzahl der Kinder	2
Mehrarbeit	6 Stunden (Teiler = 143, 50 % Zuschlag)
Überstunden 50 % Zuschlag	9 (Teiler = 143)
Pendlereuro	€ 9,00 (.........) monatlich

Famlienbonus Plus im Rahmen der Arbeitnehmerveranlagung

3.5 Abrechnungen mit Sachbezügen

Sachbezüge sind Vorteile aus einem Dienstverhältnis, die nicht in Geld bestehen, aber in Geldwert umgerechnet werden.

Beispiele
- freie Wohnung,
- freie Unterkunft und Verpflegung,
- Privatnutzung des Firmenfahrzeuges,
- Nutzung des firmeneigenen Parkplatzes.

Es wird unter laufenden (gelten als laufender Bezug) und jährlichen Sachbezügen (gelten als Teil der Sonderzahlungen) unterschieden. Sachbezüge können z. B. sein:

Der Sachbezugswert beim Firmenwagen beträgt jedoch nur **1,5 %** und höchstens 720,00 EUR, wenn das Fahrzeug im Anschaffungsjahr den jeweils geltenden Wert für den CO_2-Ausstoß nicht überschreitet. Für Fahrzeuge ohne CO_2-Ausstoß (Elektrofahrzeuge) wird kein Sachbezug verrechnet.

Grenzwerte für Verrechnung von Sachbezug 1,5 %:

2020	2021	2022	2023	2024	2025
141 g	138 g	135 g	132 g	129 g	126 g

Die Einstufung gilt auch für die Folgejahre.

Beispiel:
Wurde im Jahr 2023 ein Fahrzeug angeschafft, kann der Sachbezugswert von 1,5 % angewendet werden, wenn der CO_2 Ausstoß max. 132 g/km beträgt.

Privatnutzung eines Firmenfahrzeuges

Darf eine Arbeitnehmerin bzw. ein Arbeitnehmer ein firmeneigenes Kraftfahrzeug für Privatfahrten kostenlos benützen, sind monatlich **2 %** der Anschaffungskosten (AHK) (maximal 960,00 EUR) als Sachbezug anzusetzen (Pendlerpauschale darf dann nicht in Anspruch genommen werden).

Wird das Fahrzeug nachweislich im Jahresdurchschnitt für nicht mehr als 500 km monatlich für Privatfahrten verwendet, ist jeweils der **halbe Sachbezugswert,** maximal aber 480,00 EUR bzw. 360,00 EUR anzusetzen.

Firmeneigener Parkplatz

Kann eine Arbeitnehmerin bzw. ein Arbeitnehmer während der Arbeitszeit in Bereichen, die einer Parkraumbewirtschaftung unterliegen, ihr bzw. sein Fahrzeug auf einem firmeneigenen Gelände kostenlos parken, ist als Sachbezug der Betrag von **14,53 EUR** monatlich anzusetzen.

Freie Wohnung

Stellt die Arbeitgeberin oder der Arbeitgeber ihren bzw. seinen Arbeitnehmerinnen oder Arbeitnehmern Wohnraum kostenlos oder verbilligt zur Verfügung, ist als monatlicher Quadratmeterwert der jeweils geltende Richtwert anzusetzen.

Beispiel:

Für OÖ gilt für 2024:	**€ 7,23**
Aktuell:	€ ______
Für **Ihr** Bundesland gilt aktuell:	€ ______

(siehe Richtwerttabelle, Datenblatt im Anhang)

Richtwerte und nähere Bestimmungen finden Sie unter www.sozialversicherung.at

Freie Unterkunft und Verpflegung

Der Wert der **vollen freien Station** wird mit einem Sachbezugswert von 196,20 EUR monatlich angenommen.

Beispiel: Abrechnungen mit Sachbezügen

Angestellter: Gehalt 2.950,00 EUR; Freibetrag 45,00 EUR; Alleinverdiener; 2 Kinder; Anschaffungswert des Pkw 33.750,00 EUR; Privatnutzung über 500 km. Anschaffungsjahr 2022, CO_2-Ausstoß 130 g/km

Lösung:

	Gehalt	€	2.950,00
–	18,07 % SV (BMGL € 3.456,25)	€	624,54
–	Lohnsteuer	€	342,55
	Nettobezug	€	1.982,91

Sachbezug: AW 33.750,00 • 1,5 % = € 506,25
SV-BMGL: 2.950,00 + 506,25 = € 3.456,25

Lohnsteuer:

	Gehalt	€	2.950,00
–	SV	€	624,54
–	Freibetrag	€	45,00
+	Sachbezug	€	506,25
	LSt-BMGL	**€**	**2.786,71**

2.786,71 • 30 % = € 836,013
836,013 – 493,467 = € 342,546 = **€ 342,55**

Wie viel kostet die Nutzung des Firmenfahrzeuges dem Arbeitnehmer tatsächlich? (Vergleich)

	Gehalt	€	2.950,00
–	18,07 % SV	€	______
–	Lohnsteuer	€	______
	Nettobezug	**€**	______

Lohnsteuer:

	Gehalt	€	2.950,00
–	SV	€	______
–	Freibetrag	€	45,00
	LSt-BMGL	**€**	______

Lohnsteuer:

____

____

Vergleich:
Die Privatnutzung des Firmenfahrzeuges kostet dem Angestellten EUR ________ monatlich

Übungen – „Abrechnungen mit Sachbezügen“

Erstellen Sie entsprechende Nettolohnberechnungen:

1. Bäckermeisterin, Gehalt 2.666,00 EUR; mit AEAB, 2 Kinder, Freibetrag 29,00 EUR; Gewerkschaftsmitglied, kleines Pendlerpauschale 113,00 (.........) EUR monatlich, Pendlereuro = 7,00 (.........) EUR monatlich; 5 Überstunden mit 50 % Zuschlag (Überstundenteiler = 167), Sachbezug: Gratisbenützung des firmeneigenen Parkplatzes innerhalb einer parkraumbewirtschafteten Zone.

2. Facharbeiter (Spengler, Gewerbe) Monatslohn 2.869,00 EUR; mit AVAB, 2 Kinder, Freibetrag 59,00 EUR. Gewerkschaftsmitglied; 4,5 Std. Mehrarbeit (Teiler = 167, 50 % Zuschlag), 9 Überstunden mit 50 % Zuschlag (Teiler = 143). Sachbezug: Firmen-PKW, Anschaffung 2021, Anschaffungswert 19.600,00 EUR, CO_2-Ausstoß 135 g/km. Privatnutzung über 500 km monatlich.
3. Berechnen Sie den Auszahlungsbetrag für folgende Facharbeiterin in der Metallindustrie: Monatslohn 3.390,00 EUR; mit AVAB, 4 Kinder, Freibetrag 78,00 EUR; 5 Std. Mehrarbeit mit 50 % Zuschlag, 12 Überstunden mit 50 % Zuschlag, 3 steuerfreie Überstunden mit 100 % Zuschlag. (Über- und Mehrstundenteiler = 143). Sachbezug: Firmen-Pkw, Anschaffung 2022, Anschaffungswert 24.500,00 EUR , CO_2-Ausstoß 140 g/km; Privatnutzung über 500 km monatlich.
4. Landschaftsgärtner, Monatslohn 2.378,00 EUR; mit AVAB, 2 Kinder, Gewerkschaftsmitglied, Dienstwohnung im Ort im Ausmaß von 82,5 m^2 wird bereitgestellt. Richtwert: 7,23 EUR/m^2. Wie hoch ist der Auszahlungsbetrag?

3.6 Abrechnungen mit Sonderzahlungen

Auch für Sonderzahlungen ist die Sozialversicherung zu entrichten!

Unter dem Begriff Sonderzahlung versteht man einen 13. und 14. Monatsbezug. In den Kollektivverträgen wird auch von **Urlaubsbeihilfe** und **Weihnachtsremuneration** gesprochen.

3.6.1 Sozialversicherung für Sonderzahlungen

Sonderzahlungen unterliegen zwar der Sozialversicherung, **nicht** aber der **Kammerumlage** und dem **Wohnbauförderungsbeitrag.**

Für Sonderzahlungen sind daher folgende Beitragssätze zu verwenden:

	2024	aktuell
Dienstnehmeranteil für Arbeiter	17,07 %	
Dienstnehmeranteil für Angestellte	17,07 %	

Aha!
Auch hier gilt: Rückrechnung der Arbeitslosenversicherung für Dienstnehmer/innen mit geringem Einkommen!

Höchstbeitragsgrundlage
Sonderzahlungen unterliegen nur bis zur genannten Höchstbeitragsgrundlage der Sozialversicherung. Darüberliegende Beträge sind sozialversicherungsfrei.

	Stand: 2024 (jährlich)	Aktueller Wert (jährlich)
Höchstbeitragsgrundlage	€ 12.120,00	

Beispiel: Ermittlung der Sozialversicherung für die Sonderzahlungen
Arbeiter mit einem Monatslohn von 3.500,00 EUR

Lösung:

Sonderzahlung		innerhalb der Höchstbeitragsgrundlage	über der Höchstbeitragsgrundlage	DNA in %	DNA in €
1. Urlaubsbeihilfe	€ 3.500,00	€ 3.500,00	€ 0,00	17,07	597,45
2. Weihnachtsremuneration	€ 3.500,00	€ 3.500,00	€ 0,00	17,07	597,45

Übung – „Sozialversicherung für Sonderzahlungen“

Berechnen Sie die Sozialversicherung für die Sonderzahlungen.

- Arbeiter mit einem Monatslohn von 3.780,00 EUR

Sonderzahlung		innerhalb der Höchstbeitragsgrundlage	über der Höchstbeitragsgrundlage	DNA in %	DNA in €
1. Urlaubsbeihilfe	€ 3.780,00				
2. Weihnachtsremuneration	€ 3.780,00				

3.6.2 Lohnsteuer und sonstige Bezüge

Der 13. und 14. Bezug sowie andere unregelmäßige Bezüge werden im Einkommensteuergesetz als **sonstige Bezüge** bezeichnet. Grundsätzlich unterliegen auch sonstige Bezüge der Lohnsteuer.

Allerdings gibt es dafür Sonderregelungen:
- Vor Berechnung der Lohnsteuer wird die Sozialversicherung für die Sonderzahlung abgezogen.
- Der Betrag von 620,00 EUR pro Jahr ist steuerfrei und wird bei der ersten Sonderzahlung berücksichtigt.
- Der Restbetrag ist mit folgenden Steuersätzen zu versteuern:
  - für die nächsten € 24.380,00 - 6%
  - für die nächsten € 25.000,00 - 27%
  - für die nächsten € 33.333,00 – 35,75%
  - Bezüge über € 83.333,00 werden zum Lohnsteuertarif besteuert.
- Übersteigen die Sonderzahlungen den Betrag eines zweifachen durchschnittlichen Monatsbezuges, ist der übersteigende Betrag der normalen Lohnsteuerbemessungsgrundlage zuzurechnen. Man spricht in diesem Fall von der Jahressechstelüberschreitung.
- Die Besteuerung der sonstigen Bezüge unterbleibt, wenn das Jahressechstel den Betrag von 2.100,00 EUR nicht übersteigt. Dies betrifft z. B. Lehrlingseinkommen.

Jahressechstel =
Ø Monatsbezug • 2.

Jahressechstel
Unter Jahressechstel versteht man das Zweifache eines durchschnittlichen Monatsbezuges des laufenden Jahres. In die Rechnung des Jahressechstels fließen ein:
- Grundbezug,
- Sachbezüge,
- steuerpflichtige Zulagen und Zuschläge (z. B. Überstunden)
- etc.

Beispiel: Ermittlung der Lohnsteuer für die sonstigen Bezüge innerhalb des Jahressechstels
Angestellter mit einem Gehalt von 2.500,00 EUR.

Lösung: Erste Sonderzahlung:
Urlaubsbeihilfe € 2.500,00

SZ	€	2.500,00
– SV 17,07 %	€	426,75
– Freibetrag	€	620,00
Rest	€	1.453,25 • 6 % = **€ 87,20**

Jahressechstel:
Ø Monatsbezug = € 2.500,00
J/6 = 2.500,00 • 2 = € 5.000,00
Das J/6 wird nicht überschritten.

Erläuterung:
Beim ersten sonstigen Bezug werden die Sozialversicherung und der Freibetrag abgezogen. Es bleiben 1.452,00 EUR, die mit 6 % versteuert werden.

Lösung: Zweite Sonderzahlung:
Weihnachtsremuneration € 2.500,00.

SZ	€	2.500,00
– SV 17,07 %	€	426,75
– Freibetrag	€	0,00
Rest	€	2.073,25 • 6 % = **€ 124,40**

Jahressechstel:
Ø Monatsbezug = € 2.500,00
J/6 = 2.500,00 • 2 = € 5.000,00
Die Summe der Sonderzahlungen beträgt
€ 5.000,00. Das J/6 wird nicht überschritten.

Erläuterung:
Der Freibetrag ist verbraucht, daher unterliegt der gesamte Betrag abzüglich der Sozialversicherung der Lohnsteuer von 6 %.
Das Jahressechstel wurde noch nicht überschritten.

Übung – „Abrechnungen mit Sonderzahlungen"

Ermittlung der Lohnsteuer für die sonstigen Bezüge innerhalb des Jahressechstels:

- Arbeiter mit einem Monatslohn von 2.150,00 EUR.

Erste Sonderzahlung: Urlaubsbeihilfe € 2.150,00

SZ	€	2.150,00
– SV 16,12 %	€	
– Freibetrag	€	
Rest	€	• 6 % = €

Jahressechstel:
Ø Monatsbezug = € 2.150,00
J/6 =
Das J/6 wird ______ überschritten.

Erläuterung:
Beim ersten sonstigen Bezug werden die Sozialversicherung und der Freibetrag abgezogen.
Es bleiben € ______ die mit 6 % versteuert werden.

Zweite Sonderzahlung: Weihnachtsremuneration € 2.150,00

SZ	€	2.150,00
– SV 16,12 %	€	
– Freibetrag	€	0,00
Rest	€	• 6 % = €

Jahressechstel:
Ø Monatsbezug = € 2.150,00
J/6 =
Die Summe der Sonderzahlungen beträgt
€
Das J/6 wird ______ überschritten.

Da sich das J/6 durch Überstunden etc. ändern kann, ist es bei jeder Abrechnung von sonstigen Bezügen neu zu berechnen.

3.6.3 Aliquote Sonderzahlung

Tritt eine Arbeitnehmerin bzw. ein Arbeitnehmer während des Jahres ein oder aus, werden die ihm zustehenden Sonderzahlungen nur anteilsmäßig (aliquot) ausbezahlt.

Dabei wird unterschieden, ob der Austritt mit vollem Monat oder innerhalb eines Monats erfolgt:
- Monatsweise Berechnung
- Tageweise Berechnung

Monatsweise Berechnung
Die Berechnung des aliquoten Teils kann bei Vorliegen voller Monate wie folgt ermittelt werden:

$$\text{Sonderzahlung} = \text{Gesamtanspruch} \cdot \frac{\text{Monate}}{12}$$

Beispiel: Monatsweise Berechnung von Sonderzahlungen
Ein Arbeiter hat am 1. Februar seinen Dienst begonnen und soll am 31. Juli die Urlaubsbeihilfe erhalten; Monatslohn 2.376,00 EUR.

Lösung:
2 376,00 : 12 • 11 = € 2.178,00

Der Arbeiter bekommt im laufenden Jahr Urlaubsbeihilfe und Weihnachtsremuneration in Höhe von je 2.178,00 EUR.

Tageweise Berechnung
Bei Eintritt oder Austritt während eines Monats muss die Aliquotierung tageweise erfolgen.

$$\text{Sonderzahlung} = \text{Gesamtanspruch} \cdot \frac{\text{Tage}}{365\ (366)}$$

Beispiel: Tageweise Berechnung von Sonderzahlungen
Ein Arbeiter hat am 18. Jänner seinen Dienst angetreten und soll am 30. Juni die Urlaubsbeihilfe erhalten; Lohn 2.628,00 EUR (365 Kalendertage).

Lösung:
Tage: 365 Tage – 17 Tage (Jänner) = 348 Tage

2 628,00 : 365 • 348 = € 2.505,60

Der Arbeiter bekommt im laufenden Jahr Urlaubsbeihilfe und Weihnachtsremuneration in Höhe von je 2.505,60 EUR.

Weitere Besonderheiten
Neben der Berechnung der aliquoten Sonderzahlungen gibt es noch weitere Besonderheiten, die zu berücksichtigen sind.

Achtung!

- Bei Eintritt nach dem 30. Juni muss die aliquote Urlaubsbeihilfe am 31. Dezember ausbezahlt werden.
- Steht bei Urlaubsantritt und Bezahlung der Urlaubsbeihilfe das Ende des Dienstverhältnisses bereits fest, wird nur noch der aliquote Anteil an Urlaubsbeihilfe ausbezahlt.
- **Gilt bei Kündigung durch die Dienstgeberin/den Dienstgeber:** bereits in voller Höhe ausbezahlte Urlaubsbeihilfe darf nicht mit dem noch ausständigen Anteil der Weihnachtsremuneration ausgeglichen werden.

Übungen – „Aliquote Sonderzahlungen"

Berechnen Sie die aliquote Sonderzahlung.

1. Eine Arbeiterin hat am 10. Februar ihren Dienst angetreten und soll am 30. November die Weihnachtsremuneration erhalten: Lohn 2.993,00 EUR (365 Kalendertage).
2. Ein Arbeiter hat am 1. August seinen Dienst begonnen und soll am 31. Dezember die Urlaubsbeihilfe erhalten: Lohn 2.268,00 EUR.
3. Ein Angestellter hat am 16. September seinen Dienst begonnen und soll am 31. Dezember die Urlaubsbeihilfe erhalten: Gehalt 2.263,00 EUR.

WissensCheck – „Vom Bruttolohn zum Auszahlungsbetrag"

1. Nennen Sie die Stelle und den Zeitraum zu dem Arbeitnehmer/innen anzumelden sind.
2. Geben Sie die Höhe des Dienstnehmeranteils zur Sozialversicherung mit Kammerumlage und Wohnbauförderungsbeitrag für Arbeiter/innen und Angestellte an.
3. Nennen Sie die Regelung für Arbeitnehmer/innen mit geringem Einkommen bezüglich der Arbeitslosenversicherung.
4. Beschreiben Sie das Schema für die Abrechnung von Bezügen.
5. Erklären Sie den Begriff der Höchstbeitragsgrundlage und nennen Sie den aktuellen Wert.
6. Geben Sie einen Überblick, wofür man beim Finanzamt einen Freibetrag beantragen kann.
7. Erklären Sie das Pendlerpauschale und die beiden unterschiedlichen Arten, die es davon gibt.
8. Nennen Sie die Höhe des Gewerkschaftsbeitrages.
9. Beschreiben Sie das Schema zur Ermittlung der Lohnsteuerbemessungsgrundlage.
10. Zählen Sie die Einzelversicherungen bei der Sozialversicherung auf.
11. Können Sie aus der Sozialversicherung austreten? (Begründen Sie Ihre Antwort!)
12. Erklären Sie den Begriff „Pendlereuro".
13. Beschreiben Sie worum es sich bei Sonderzahlungen bzw. sonstigen Bezügen handelt.
14. Ist für Sonderzahlungen auch Sozialversicherung zu entrichten? – Wenn ja, wie viel?
15. Geben Sie einen Überblick über die Regelungen bezüglich der Besteuerung von sonstigen Bezügen.
16. Erläutern Sie die Berechnung des Jahressechstels.

Ziele erreicht? – „Vom Bruttolohn zum Auszahlungsbetrag“

Sie haben nun das Kapitel „Vom Bruttolohn zum Auszahlungsbetrag“ durchgearbeitet und die Übungen gelöst. Nehmen Sie sich kurz Zeit und überlegen Sie sich, über welche Kompetenzen Sie nun in welchem Ausmaß verfügen. Überprüfen Sie auch Ihre persönlichen Lernziele, die Sie eingangs formuliert haben.

Ziele	🙂	😐	🙁
■ Ich kann die Abrechnung von Bezügen anhand eines Abrechnungsschemas anwenden.			
■ Ich kann die verschiedenen Arten von Abzügen aufzählen.			
■ Ich kann einfache Lohn- und Gehaltsabrechnungen durchführen.			
■ Ich kann verschiedene Sonderfälle der Bezugsverrechnung (Überstunden und Mehrarbeit, Sachbezüge, Sonderzahlungen) passend anwenden.			
■ Mein persönliches Ziel			
■ Mein persönliches Ziel			
■ Mein persönliches Ziel			

Besonderheiten in der Personalverrechnung

Der größte Schritt wäre nun getan – Sie wissen, wie der Auszahlungsbetrag zustande kommt und wie dieser berechnet wird. Wenn Sie z. B. an die Abrechnung mit Sachbezügen oder Sonderzahlungen denken, wissen Sie auch, dass nicht jede Abrechnung gleich ist und monatsweise variieren kann.

Doch es gibt noch weitere Besonderheiten, die im Rahmen der Personalverrechnung zu beachten sind. Diese betreffen vor allem die Arbeitgeberin bzw. den Arbeitgeber.

Meine Ziele

Nach Bearbeitung dieses Kapitels kann ich

- die zu leistenden Beiträge und Abgaben des Dienstgebers bei der Lohn- und Gehaltsabrechnung erklären;
- die gesetzlichen Lohn- und Gehaltsabgaben rechnerisch ermitteln;
- die Aufgaben der betrieblichen Mitarbeitervorsorge erklären.

- Mein persönliches Ziel ______
- Mein persönliches Ziel ______
- Mein persönliches Ziel ______

1 Beiträge und Abgaben des Dienstgebers (Lohnnebenkosten)

Katrin hat nun einen ganz guten Überblick, wie sich ihr Gehalt zusammensetzen wird und welche Abgaben sie zu leisten hat. Doch sie hat auch gehört, dass ihre Dienstgeberin so einiges an Beiträgen und Abgaben zu bezahlen hat. Das macht sie neugierig ...

In Zusammenhang mit der monatlichen Abrechnung von Löhnen, Gehältern und Lehrlingseinkommen fallen für den Dienstgeber eine Reihe von Abgaben an, die an Krankenkasse, Finanzamt und Gemeinde zu entrichten sind.

1.1 Gesamtbeitrag und Dienstgeberanteil zur Sozialversicherung und sonstige Beiträge des Dienstgebers

Die Höhe des Gesamtbeitrages zur Sozialversicherung und die sonstigen Beiträge und Umlagen ergeben sich durch die Ausfertigung der monatlichen **Beitragsgrundlagenmeldung**.

Weitere Informationen zur monatlichen Beitragsgrundlagenmeldung unter www.sozialversicherung.at.

Monatliche Beitragsgrundlagenmeldung (mBGM)
Auf elektronischem Wege werden dem zuständigen Sozialversicherungsträger für jeden Versicherten die Beitragsgrundlagen, die entrichteten Sozialversicherungsbeiträge und die Beträge für die Betriebliche Mitarbeitervorsorge übermittelt.

Übersicht über die Beiträge zur Sozialversicherung für Arbeiter und Angestellte mit monatlichen Einkommen über € 2.306,00

Arbeiter	Stand: 1. Jänner 2024			Aktuelle Werte		
	Gesamt	DGA	DNA	Gesamt	DGA	DNA
Pensionsversicherung	22,8 %	12,55 %	10,25 %			
Krankenversicherung	7,65 %	3,78 %	3,87 %			
Unfallversicherung	1,1 %	1,1 %	--			
Arbeitslosenversicherung	5,9 %	2,95 %	2,95 %			
Summen	37,45 %	20,38 %	17,07 %			

Übersicht über die sonstigen Beiträge

Kammer-umlage	Beitrag für die Pflichtmitgliedschaft bei der Arbeiterkammer. Sie ist nur von Dienstnehmerinnnen/Dienstnehmern zu entrichten.
Wohnbauförderungsbeitrag	Dient der Förderung der Errichtung von Kleinwohnungen und ist von Dienstgebern und von Dienstnehmerinnen/Dienstnehmern je zur Hälfte zu entrichten.
IE-Zuschlag	Der IE-Zuschlag dient zur Absicherung der Dienstnehmer/innen in Falle einer Insolvenz.
Mitarbeiter-vorsorge	= Abfertigung NEU Die Dienstgeberinnen/Dienstgeber müssen für ihre Dienstnehmer/innen (auch für Lehrlinge) den Mitarbeitervorsorgebeitrag entrichten. Der Beitrag wird von der zuständigen Sozialversicherungsanstalt der jeweiligen Mitarbeitervorsorgekasse weitergeleitet.

IE-Zuschlag = Zuschlag nach dem Insolvenzentgeltsicherungsgesetz.

Art des Beitrages	Gesamt	DGA	DNA	Gesamt	DGA	DNA
Kammerumlage	0,50 %	–	0,50 %			
Wohnbauförderungsbeitrag	1,00 %	0,50 %	0,50 %			
IE-Zuschlag	0,10 %	0,10 %	–			
Mitarbeitervorsorge	1,53 %	1,53 %	–			

Näheres über die Mitarbeitervorsorge finden Sie unter Punkt 2 „Betriebliche Mitarbeitervorsorge“

1.2 Abgaben an das Finanzamt

Die Dienstgeberin bzw. der Dienstgeber muss aus der Lohn- und Gehaltsabrechnung folgende Abgaben an das Finanzamt überweisen:

- Dienstgeberbeitrag zum Familienlastenausgleichsfonds (DB)
- Zuschlag zum Dienstgeberbeitrag (DZ)

Zahlungstermin:
Die Abgaben an die Krankenkasse müssen bis 15. des Folgemonats überwiesen werden.

1.2.1 Dienstgeberbeitrag zum Familienlastenausgleichsfonds (DB)

Dieser Beitrag dient zur Finanzierung der Familienbeihilfen, Schüler/innenfreifahrten, Gratisschulbücher etc.

Höhe des Dienstgeberbeitrages:	3,7 %

Begünstigung für Kleinbetriebe!
Übersteigt die Beitragsgrundlage im Kalendermonat nicht den Betrag von 1.460,00 EUR, so verringert sie sich um 1.095,00 EUR.

1.2.2 Zuschlag zum Dienstgeberbeitrag (DZ)

Dieser Zuschlag wird der Wirtschaftskammer weitergeleitet (= Kammerumlage 2). Die Höhe des Zuschlages zum Dienstgeberbeitrag ist zwischen den Bundesländern unterschiedlich.

Bundesland	Wert 1. 1. 2024	Aktueller Wert
Wien	0,36 %	
Niederösterreich	0,35 %	
Steiermark	0,34 %	
Kärnten	0,37 %	
Oberösterreich	0,32 %	
Salzburg	0,36 %	
Burgenland	0,40 %	
Tirol	0,39 %	
Vorarlberg	0,33 %	

Suchen Sie im Internet nach den aktuellen Werten und tragen Sie diese in die Tabelle ein.

Begünstigung für Kleinbetriebe!
Die Begünstigung für Kleinbetriebe gilt auch für die Berechnung des Zuschlages zum Dienstgeberbeitrag.

Die Abgaben an das Finanzamt müssen bis zum 15. des Folgemonats überwiesen werden.

1.3 Abgabe an die Gemeinde

Die Dienstgeberin bzw. der Dienstgeber hat die Kommunalsteuer an die zuständige Gemeinde zu entrichten. Als Bemessungsgrundlage gilt die sozialversicherungspflichtige Lohn- und Gehaltssumme.

Höhe des Kommunalsteuer:	3,0 %

Begünstigung für Kleinbetriebe!
Übersteigt die Beitragsgrundlage im Kalendermonat nicht den Betrag von 1.460,00 EUR, so verringert sie sich um 1.095,00 EUR.

Die Kommunalsteuer muss bis zum 15. des Folgemonats an die Gemeinde überwiesen werden.

Dienstgeberabgabe der Gemeinde Wien (DGA, U-Bahn-Steuer)
Beitragspflichtig sind alle Dienstgeberinnen und Dienstgeber, die in Wien mindestens eine Dienstnehmerin oder einen Dienstnehmer beschäftigen. Von der Abgabe befreit sind u. a.

- Dienstverhältnisse im Sinne des Behinderteneinstellungsgesetzes,
- Lehrverhältnisse und
- Dienstverhältnisse, bei denen die Arbeitszeit wöchentlich das Ausmaß von zehn Stunden nicht übersteigt.

Höhe der U-Bahn-Steuer	für jede/n Dienstnehmer/in 2,00 EUR pro angefangener Arbeitswoche

Die U-Bahn Steuer ist bis zum 15. des Folgemonats an die Stadtkasse zu entrichten.

1.4 Zusammenfassung

Folgende Abgaben fallen für die Dienstgeberin bzw. den Dienstgeber an:

Empfänger	Art	Höhe	Aktuelle Werte
Gesundheitskasse	Dienstgeberanteil zur Sozialversicherung	20,38 %	
	Wohnbauförderungsbeitrag (gilt nicht für Lehrlinge)	0,50 %	
	IE-Beitrag (gilt nicht für Lehrlinge)	0,10 %	
	Betriebliche Mitarbeitervorsorge	1,53 %	
Finanzamt	Dienstgeberbeitrag zum Familienlastenausgleichsfonds (DB)	3,7 %	
	Zuschlag zum Dienstgeberbeitrag (DZ)		
Gemeinde	Kommunalsteuer	3,0 %	
Gemeinde Wien	U-Bahn-Steuer	€ 2,00 je AN/Woche	

DZ: Tragen Sie hier den richtigen Wert für Ihr Bundesland ein. Den Wert entnehmen Sie der Tabelle auf der vorigen Seite.

Beispiel: Beiträge und Abgaben des Dienstgebers

Wir berechnen:
1. Dienstgeberanteil zur Sozialversicherung und sonstige Beiträge,
2. Überweisungsbetrag an die Gesundheitskasse,
3. Dienstgeberbeitrag,
4. Zuschlag zum Dienstgeberbeitrag (für Ihr Bundesland),
5. Überweisungsbetrag an das Finanzamt,
6. Kommunalsteuer.

Die Personalabteilung ermittelt Ende April d. J. folgende Zahlen:

Summe Gehälter	€ 7.256,00 (davon keine AN mit geringem Einkommen)
einbehaltener DNA zur Sozialversicherung	€ 1.311,16
einbehaltene Lohnsteuer	€ 420,50

1. Dienstgeberanteil zur Sozialversicherung und sonstige Beiträge

	Gesamtbeitrag	37,45 %		
+	KU	0,50 %		
+	WF	1,00 %		
+	IE	0,10 %		
+	MV	1,53 %		
	Gesamtbetrag aller Beiträge	40,58 %	von € 7.256,00 =	€ 2.944,48
–	Dienstnehmeranteil			€ 1.311,16
	Dienstgeberanteil einschließlich sonstige Beiträge			**€ 1.633,32**

Zieht man vom Gesamtbetrag aller Beiträge den dem Dienstnehmer verrechneten Beitrag ab, bleibt als Differenz der Beitrag des Dienstgebers.

2. Überweisungsbetrag an die Gesundheitskasse bis 15. des Folgemonats
€ 2.944,48

3. Dienstgeberbeitrag zum Familienlastenausgleichsfonds (DB)
3,7 % von € 7.256,00 = **€ 268,47**

4. Zuschlag zum Dienstgeberbeitrag (je nach Bundesland)
Beispiel Bundesland Oberösterreich: 0,32 % von € 7.256,00 = **€ 23,22**

5. Berechnung des Überweisungsbetrages an das Finanzamt

einbehaltene Lohnsteuer	€	420,50
Dienstgeberbeitrag (DB)	€	268,47
Zuschlag zum Dienstgeberbeitrag (DZ)	€	23,22
Überweisungsbetrag	**€**	**712,19**

Dem Finanzamt muss bis zum 15. des Folgemonats der Betrag von 712,19 EUR überwiesen werden.

6. Kommunalsteuer
3 % von € 7.256,00 = **€ 217,68**

Die Gemeinde muss bis zum 15. des Folgemonats den Betrag von 217,68 EUR erhalten.

Der Gesundheitskasse muss der gesamte Beitrag (Dienstnehmeranteil und Dienstgeberanteil einschließlich der sonstigen Beiträge und Umlagen) überwiesen werden.

Aha!
Für die Berechnung der Wiener U-Bahn Steuer muss neben der Anzahl der Dienstnehmer/innen auch die der angefangenen Arbeitswochen bekannt sein.

Beispiel: 4 Dienstnehmer, 5 Wochen

U-Bahn-Steuer: 2,00 • 4 • 5 = **€ 40,00**

Übung – „Beiträge und Abgaben des Dienstgebers“

- Die Personalabteilung ermittelt Ende September d. J. folgende Zahlen:

Summe der Löhne	€ 8.134,00
einbehaltener DNA zur Sozialversicherung	€ 1.469,81
einbehaltene Lohnsteuer	€ 1.143,50

Ergänzung für Wiener Berufsschulen:
5 Arbeiter/innen, 5 angefangene Arbeitswochen

Wir berechnen:
1. Dienstgeberanteil zur Sozialversicherung und sonstige Beiträge,
2. Überweisungsbetrag an die Gesundheitskasse,
3. Dienstgeberbeitrag,
4. Zuschlag zum Dienstgeberbeitrag (für Ihr Bundesland),
5. Überweisungsbetrag an das Finanzamt,
6. Kommunalsteuer,
7. *Wiener Berufsschulen:* U-Bahn-Steuer.

2 Betriebliche Mitarbeitervorsorge

Katrin hört Kollegen von der Abfertigung sprechen. „Abfertigung?" denkt sie. „Ob ich auch eine Abfertigung bekommen werde? Und wenn ja, wann?" Katrin geht zu ihrem Computer und ruft im Internet einen entsprechenden Artikel und Infos auf. „Ach das ist ja interessant ...", denkt sie sich und liest weiter.

Die betriebliche Mitarbeiter- und Selbstständigenvorsorge gilt für

- Arbeiter,
- Angestellte,
- Lehrlinge,
- Hausgehilfen,
- freie Dienstnehmer,
- Selbstständige.

Zweck der Mitarbeiter- und Selbständigenvorsorge ist es, durch laufende Beitragsleistungen seitens der Dienstgeber/innen Abfertigungsansprüche zu erwerben.

BMSVG = Betriebliches Mitarbeiter- und Selbstständigenvorsorgegesetz.

Aha!
Ausgenommen vom BMSVG sind z. B. Arbeitsverhältnisse

- zu Ländern, Gemeinden und Gemeindeverbänden,
- zum Bund,
- zu den Bundesforsten.

2.1 Auswahl einer BV-Kasse

BV = Betriebliche Vorsorge.

Jede Dienstgeberin bzw. jeder Dienstgeber hat rechtzeitig eine BV-Kasse auszuwählen. Diese Auswahl hat durch Betriebsvereinbarung zu erfolgen.

Liste der BV-Kassen:

- BAWAG Allianz Mitarbeitervorsorgekasse AG
- ERGO Versicherung AG
- BONUS Mitarbeitervorsorgekassen AG
- BUAK Mitarbeitervorsorgekasse GmbH
- Niederösterreichische Vorsorgekasse AG
- APK-Mitarbeitervorsorgekasse AG
- ÖVK Vorsorgekasse AG
- Siemens Mitarbeitervorsorgekasse AG
- VBV - Mitarbeitervorsorgekasse AG

2.2 Höhe des Beitrages

Der **monatliche Beitrag zur BV-Kasse beträgt 1,53** % der Beitragsgrundlage zur Sozialversicherung inklusive aller Sonderzahlungen und ist von den Dienstgebern mit den übrigen Beiträgen an die Gesundheitskasse zur Weiterleitung an die BV-Kasse abzuführen.

2.3 Auszahlung/Nichtauszahlung der Abfertigung

Ob Dienstnehmer/innen den Abfertigungsbetrag ausbezahlt bekommen oder nicht, hängt von unterschiedlichen Faktoren ab:

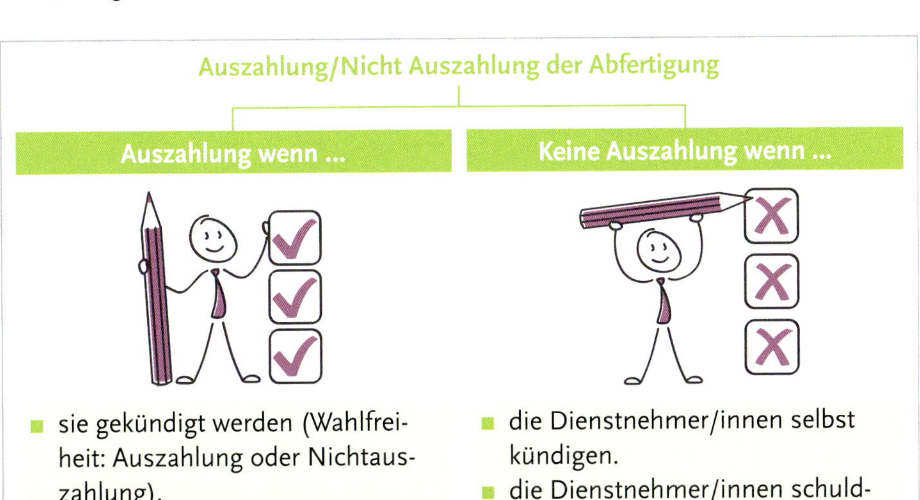

Auszahlung wenn ...

- sie gekündigt werden (Wahlfreiheit: Auszahlung oder Nichtauszahlung).
- eine gesetzliche Pension in Anspruch genommen wird.
- andere Gründe, die die Berechtigung mit sich bringen, vorliegen.

Keine Auszahlung wenn ...

- die Dienstnehmer/innen selbst kündigen.
- die Dienstnehmer/innen schuldhaft entlassen wurden.
- die Dienstnehmer/innen unberechtigterweise vorzeitig austreten.

Im Falle der Nichtauszahlung bleibt der Anspruch in voller Höhe erhalten.

WissensCheck – „Besonderheiten in der Personalverrechnung“

1. Nennen Sie fünf Beiträge, welche im Zusammenhang mit der monatlichen Abrechnung von Löhnen und Gehältern zu entrichten sind.
2. Erklären Sie den Begriff „monatliche Beitragsgrundlagenmeldung“.
3. Beschreiben Sie, worum es sich bei der Kammerumlage handelt.
4. Für wen gilt die Mitarbeiter- und Selbstständigenvorsorge?
5. In welchen Fällen wird die Abfertigung ausbezahlt?

Ziele erreicht? – „Besonderheiten in der Personalverrechnung“

Sie haben nun das Kapitel „Besonderheiten in der Personalverrechnung“ durchgearbeitet und die Übungen gelöst. Nehmen Sie sich kurz Zeit und überlegen Sie sich, über welche Kompetenzen Sie nun in welchem Ausmaß verfügen. Überprüfen Sie auch Ihre persönlichen Lernziele, die Sie eingangs formuliert haben.

Ziele	🙂	😐	🙁
■ Ich kann die zu leistenden Beiträge und Abgaben des Dienstgebers bei der Lohn- und Gehaltsabrechnung erklären.			
■ Ich kann die gesetzlichen Lohn- und Gehaltsabgaben rechnerisch ermitteln.			
■ Ich kann die Aufgaben der betrieblichen Mitarbeitervorsorge erklären.			
■ Mein persönliches Ziel			
■ Mein persönliches Ziel			
■ Mein persönliches Ziel			

Arbeitnehmerveranlagung

Wer, was, wo, warum und wieso so viel ... das Thema Steuern und Arbeitnehmerveranlagung wirft immer wieder eine große Menge an Fragen auf. Dabei ist es in Wirklichkeit nicht so kompliziert, wie es auf den ersten Blick scheint.

Es kann durchaus spannend sein, sich mit dem Dschungel an möglichen Absetzbeträgen zu beschäftigen. Dieses Kapitel gibt Ihnen einen genaueren Einblick in die Kniffe und Tricks der Arbeitnehmerveranlagung. Es hilft Ihnen außerdem dabei, dass Sie am Ende die Rückzahlung erhalten, die Ihnen zusteht.

Meine Ziele

Nach Bearbeitung dieses Kapitels kann ich

- Möglichkeiten zur Durchführung der Arbeitnehmerveranlagung aufzählen;
- eine Arbeitnehmerveranlagung online durchführen;
- den Begriff Sozialversicherungs-Erstattung (Negativsteuer) erklären;
- ermitteln, wie viel Arbeitnehmer/innen mit geringem Einkommen an Negativsteuer vom Finanzamt erstattet bekommen.

- Mein persönliches Ziel ____________________
- Mein persönliches Ziel ____________________
- Mein persönliches Ziel ____________________

1 Schritt für Schritt zur Lohnsteuerrückzahlung

Katrin hat von Kolleginnen und Kollegen gehört, dass sie vom Finanzamt Geld zurückbekommen haben. „Kann ich da auch etwas bekommen?“, fragt sie. „Klar doch“, meint ein Kollege. Katrin nimmt sich vor, dem „Steuergeheimnis“ nachzugehen.

Haben Sie bereits einmal eine Arbeitnehmerveranlagung online durchgeführt? Wie ist es Ihnen dabei ergangen?

Die **Lohnsteuer** ist eine besondere **Erhebungsform der Einkommensteuer** und wird für Einkünfte aus **nicht selbstständiger Arbeit** erhoben. Arbeiter, Angestellte und Pensionisten haben das Recht, sich über die **Arbeitnehmerveranlagung** einen Teil der abgeführten Lohnsteuer vom Finanzamt wieder zurückzuholen.

Lohnsteuerpflichtige können nachträglich **Werbungskosten, Sonderausgaben** oder **außergewöhnliche Belastungen** geltend machen.

Arbeitnehmerveranlagung = Neuberechnung der Lohnsteuer durch das Finanzamt.

Dafür müssen sie eine **Arbeitnehmerveranlagung** beim Finanzamt beantragen (Antragsveranlagung). Bei mehreren gleichzeitig bestehenden Dienstverhältnissen schreibt das Finanzamt eine Arbeitnehmerveranlagung zwingend vor (Pflichtveranlagung).

Frist für die Arbeitnehmerveranlagung = fünf Jahre (z. B. ist die ANV 2022 bis spätestens 31. 12. 2027 abzugeben).

Der Antrag zur Durchführung der Arbeitnehmerveranlagung kann ganz einfach über das Onlineportal des Finanzamtes durchgeführt werden.

2 Durchführung der Arbeitnehmerveranlagung über Antrag

Der Antrag sollte auf jeden Fall gestellt werden, wenn
- der Alleinverdiener- oder Alleinerzieherabsetzbetrag bislang noch nicht berücksichtigt wurde,
- Sonderausgaben, Werbungskosten oder außergewöhnliche Belastungen geltend gemacht werden sollen,
- ein Pendlerpauschale zusteht, aber noch nicht berücksichtigt wurde,
- schwankende Bezüge oder Verdienstunterbrechungen während eines Kalenderjahrs vorliegen (z. B. Wiedereinstieg nach der Karenz, nach dem Präsenzdienst ...)

2.1 Portal FinanzOnline

Das Portal „FinanzOnline“ ist ein elektronischer Zugang zur Finanzverwaltung.

Vorteile von FinanzOnline:
- Online-Abfrage des Steuerkontos beim Finanzamt
- Einreichen von Steuererklärungen und Anträgen (z. B. Rückzahlungsanträgen)
- Sofortberechnung der voraussichtlichen Steuer
- elektronische Zustellung von Bescheiden des Finanzamtes
- elektronische Abfragen von UID-Nummern

Die gesamte Abwicklung – vom Eingang der Steuererklärung bis hin zur Zustellung des Bescheides – wird elektronisch abgewickelt. Die übermittelten Daten werden geprüft und den Mitarbeiterinnen und Mitarbeitern der Finanzverwaltung zur Bearbeitung zugeteilt.

Aha!
Die Nutzung des Portals spart Amtsgänge, Zeit und Geld. So dauert die Erledigung einer Arbeitnehmerveranlagung nur noch wenige Tage.

1 Registrierung

Erstanmeldung bei FinanzOnline: https://finanzonline.bmf.gv.at

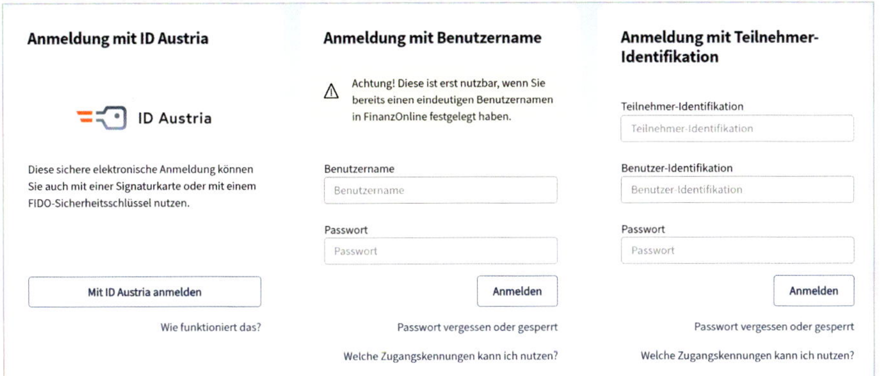

Die ID Austria ist eine Weiterentwicklung von Handy-Signatur und Bürgerkarte. Weitere Informationen dazu finden Sie unter www.oesterreich.gv.at/id-austria.

Die ersten Schritte in FinanzOnline

- Zur Erstanmeldung bei FinanzOnline sollten Sie ein Ausweisdokument bereithalten.
- Füllen Sie die Pflichtfelder aus, identifizieren Sie sich und geben Sie eine 8 – 12-stellige Benutzer-ID nach eigener Wahl, entsprechend den Vorgaben, ein.
- Rufen Sie dazu die Hilfe auf.

Anmeldedaten

Nach- und Vorname bitte ohne Titel und Zusätze eingeben.

Nachname:	*		
Vorname:	*		
Sozialversicherungsnummer:	NNNN * - TTMMJJ *		
Straße:	*	Hausnummer:	*
Stiege:		Türnummer:	
Postleitzahl:	*		
Ort:	*		
Identitätsnachweis:	Bitte wählen *	Nummer:	*
Telefon:			
Benutzername: (für den Einstieg in FinanzOnline)	*		

Weiter

Wenn Sie die ID Austria bereits verwenden, benötigen Sie keine Erstanmeldung.

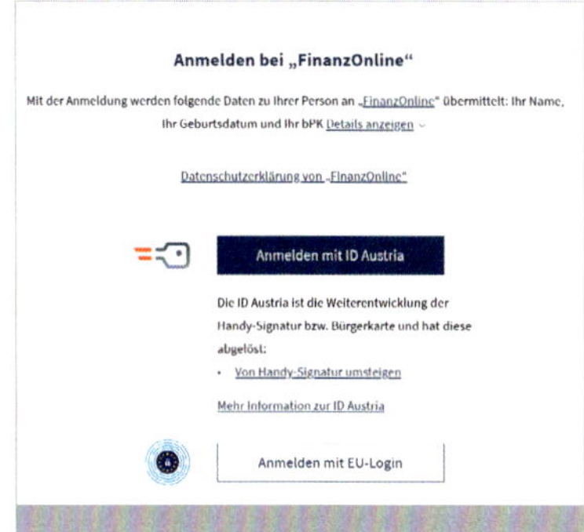

Schließen Sie die Registrierung mit dem Button „Weiter" ab. Die Daten werden an das zuständige Finanzamt gesandt. Von dort erhalten Sie innerhalb weniger Tage einen RSa-Brief mit Ihrer Teilnehmer-Identifikation und den PIN-Code.

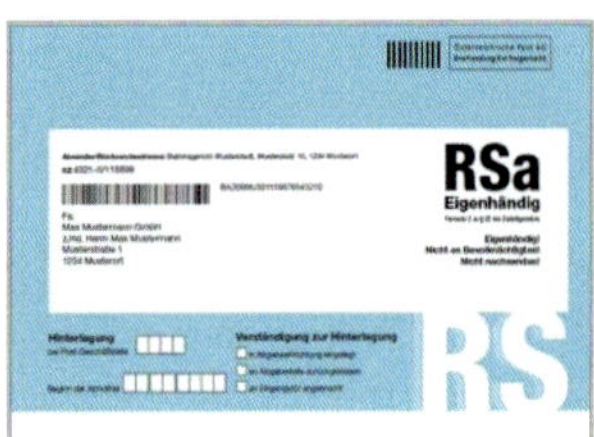

❷ Einloggen

Login mit den erhaltenen Zugangsdaten
Sie melden sich an durch die Eingabe von
- Teilnehmer-Identifikation,
- Benutzer-Identifikation und
- Passwort.

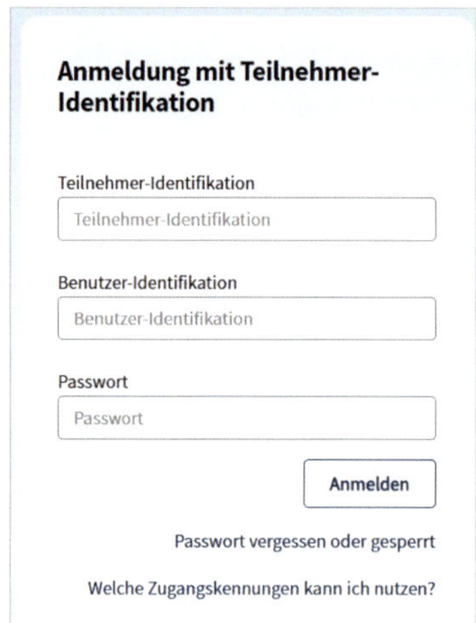

Zur Erinnerung!
Die Benutzer/innen können sich auch mit der ID Austria einloggen.

❸ Hauptseite

Nach erfolgreichem Login gelangen Sie zur Hauptseite.

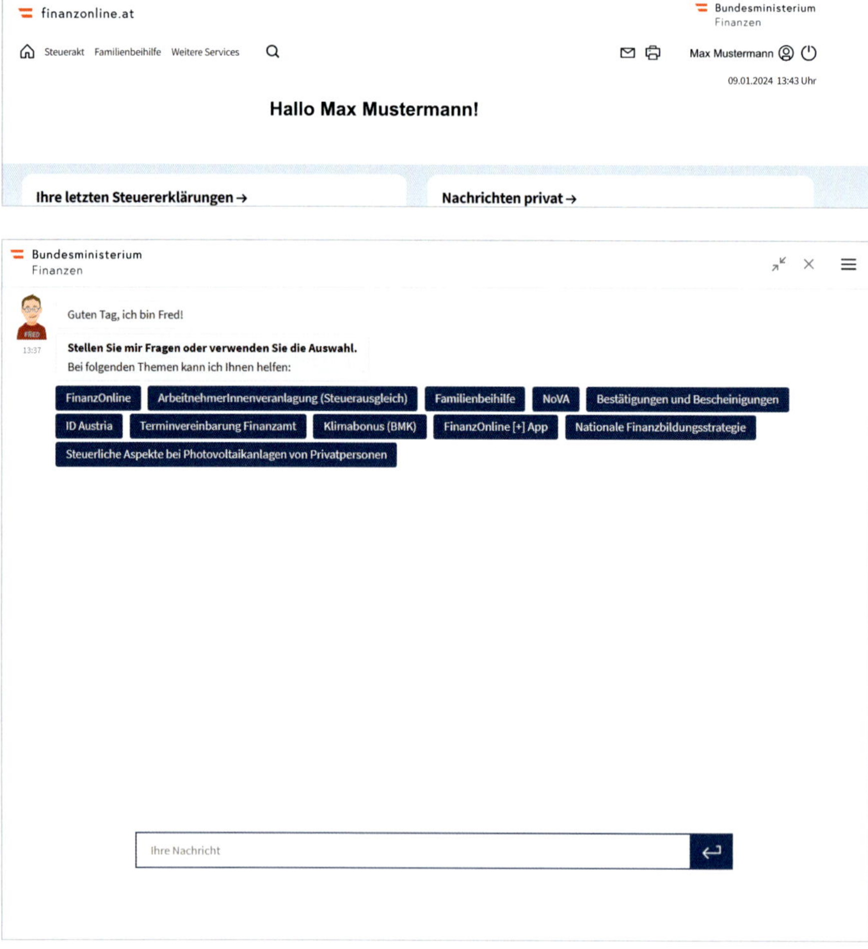

Ein digitaler Steuerassistent steht als Ausfüllhilfe zur Verfügung und begleitet Sie bei Bedarf durch Ihre Arbeitnehmerveranlagung.

Öffnen Sie das Menü WEITERE SERVICES und wählen Sie das Untermenü Erklärungen.

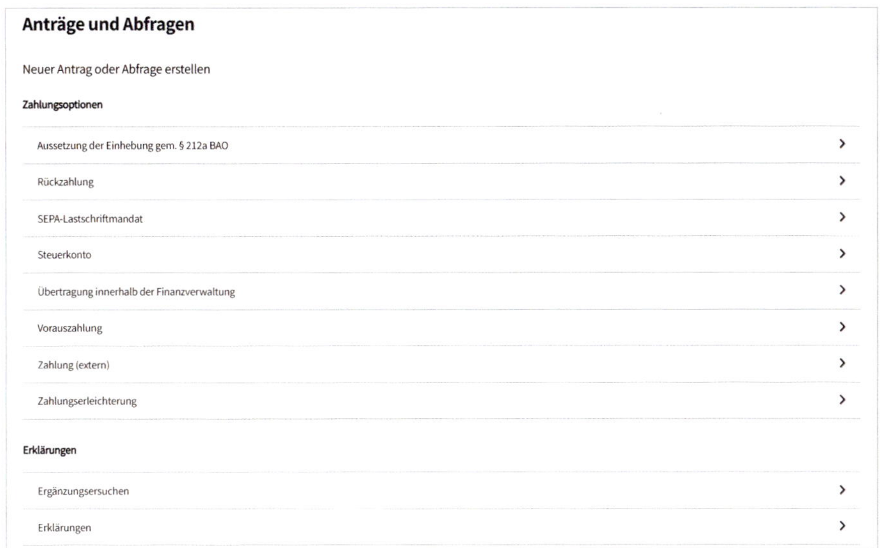

Anträge und Abfragen

Neuer Antrag oder Abfrage erstellen

Zahlungsoptionen

- Aussetzung der Einhebung gem. § 212a BAO
- Rückzahlung
- SEPA-Lastschriftmandat
- Steuerkonto
- Übertragung innerhalb der Finanzverwaltung
- Vorauszahlung
- Zahlung (extern)
- Zahlungserleichterung

Erklärungen

- Ergänzungsersuchen
- Erklärungen

Geben Sie das Jahr, für das die Veranlagung gemacht werden soll, ein.

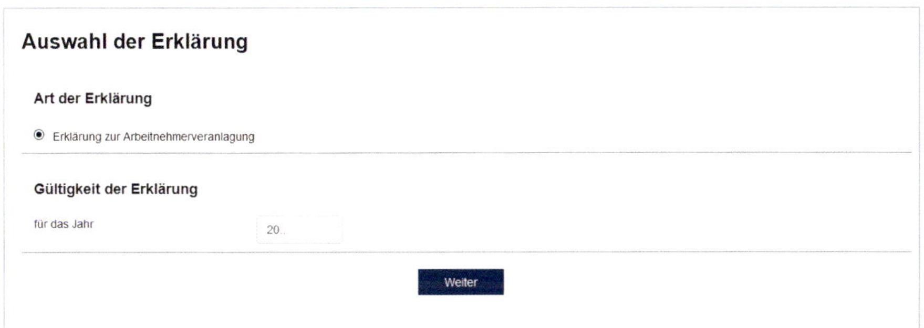

Auswahl der Erklärung

Art der Erklärung

Erklärung zur Arbeitnehmerveranlagung

Gültigkeit der Erklärung

für das Jahr 20

Weiter

Sie können nun auf der Seite der Arbeitnehmerveranlagung Ihre Daten eingeben. Bei Positionen, in denen bereits Daten eingegeben wurden, wird das mit einem weißen Häckchen gekennzeichnet.

Persönliche Daten | Allgemeine Daten | Werbungskosten, Pendlerpauschale/-euro | Außergewöhnliche Belastungen | Außergewöhnliche Belastungen bei Behinderung

Persönliche Daten

Persönliche Daten

- Zu- und Vorname
- Anschrift
- PLZ
- Ort
- Steuernummer

Änderungen immer mit dem Button ÄNDERN abschließen.

4 Eingabe allgemeiner Daten

Unter dem Menüpunkt ALLGEMEINE DATEN muss

- die Anzahl der inländischen, gehaltsauszahlenden Stellen eingegeben werden. (im Normalfall: „1“) und
- ein eventueller Alleinverdienerabsetzbetrag beantragt werden (☑)

‹ Allgemeine Daten | Werbungskosten, Pendlerpauschale/-euro | Außergewöhnliche Belastungen | Außergewöhnliche Belastungen bei Behinderung | Sonderausgaben ›

Allgemeine Daten

Inländische Arbeitgeberinnen/Arbeitgeber/Pensionsstellen

Anzahl der inländischen gehalts- oder pensionsauszahlenden Stellen im Jahr 2019
Sind keine Bezüge vorhanden, tragen Sie den Wert 0 (Null) ein.
20..: 1

Information über Lohnzettel / Meldungen / Mitteilungen

Es wurden keine Lohnzettel, Meldungen oder Mitteilungen für das betroffene Jahr übermittelt

Steuerfreie Einkünfte auf Grund völkerrechtlicher Vereinbarungen (z.B. UNO, UNIDO) | 725

Für Einkünfte aus nichtselbständiger Arbeit ohne Lohnsteuerabzug verwenden Sie die Eingabeseite – International

Es gibt noch weitere Datenblätter, wie z. B: WERBUNGSKOSTEN, hier kann ein Pendlerpauschale und der Pendlereuro aufgrund der Eingaben in den Pendlerrechner eingegeben werden. Auch Ausgaben für Fachliteratur, Fortbildung etc. können hier erfasst werden.

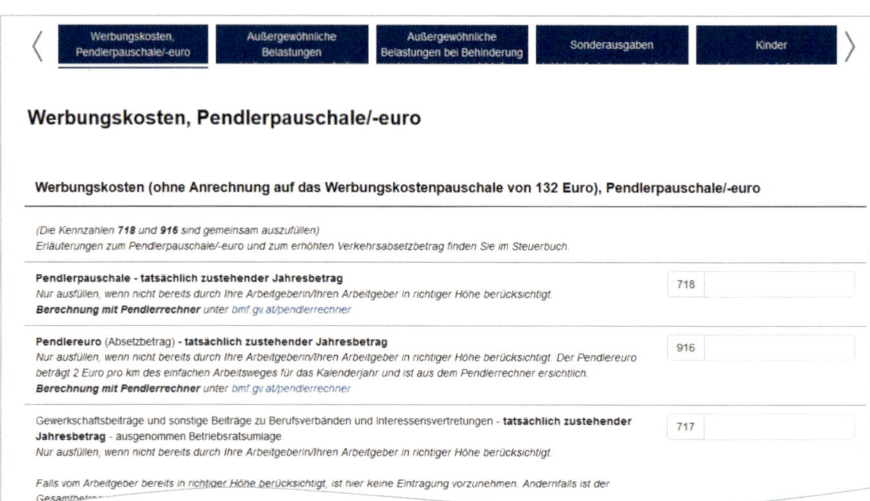

‹ Werbungskosten, Pendlerpauschale/-euro | Außergewöhnliche Belastungen | Außergewöhnliche Belastungen bei Behinderung | Sonderausgaben | Kinder ›

Werbungskosten, Pendlerpauschale/-euro

Werbungskosten (ohne Anrechnung auf das Werbungskostenpauschale von 132 Euro), Pendlerpauschale/-euro

*(Die Kennzahlen **718** und **916** sind gemeinsam auszufüllen)*
Erläuterungen zum Pendlerpauschale/-euro und zum erhöhten Verkehrsabsetzbetrag finden Sie im Steuerbuch.

Pendlerpauschale - tatsächlich zustehender Jahresbetrag | 718
Nur ausfüllen, wenn nicht bereits durch Ihre Arbeitgeberin/Ihren Arbeitgeber in richtiger Höhe berücksichtigt.
***Berechnung mit Pendlerrechner** unter bmf.gv.at/pendlerrechner*

Pendlereuro (Absetzbetrag) **- tatsächlich zustehender Jahresbetrag** | 916
Nur ausfüllen, wenn nicht bereits durch Ihre Arbeitgeberin/Ihren Arbeitgeber in richtiger Höhe berücksichtigt. Der Pendlereuro beträgt 2 Euro pro km des einfachen Arbeitsweges für das Kalenderjahr und ist aus dem Pendlerrechner ersichtlich.
***Berechnung mit Pendlerrechner** unter bmf.gv.at/pendlerrechner*

Gewerkschaftsbeiträge und sonstige Beiträge zu Berufsverbänden und Interessensvertretungen - **tatsächlich zustehender Jahresbetrag** - ausgenommen Betriebsratsumlage | 717
Nur ausfüllen, wenn nicht bereits durch Ihre Arbeitgeberin/Ihren Arbeitgeber in richtiger Höhe berücksichtigt.

Falls vom Arbeitgeber bereits in richtiger Höhe berücksichtigt, ist hier keine Eintragung vorzunehmen. Andernfalls ist der Gesamtbetr...

⚠ Damit die eingegebenen Daten nicht verlorengehen, müssen sie gespeichert werden. Drücken Sie dazu den Button DATEN SPEICHERN.

Tipps für einen erfolgreichen Abschluss!

Im Datenblatt ZUSAMMENFASSUNG können Sie alle eingegebenen Daten nochmals überprüfen. Durch Klicken auf den Button VORBERECHNUNG wird das voraussichtliche Ergebnis angezeigt. Über die Schaltfläche ERKLÄRUNG PRÜFEN wird die Erklärung nochmals überprüft. Anschließend kann sie mit ERKLÄRUNG SENDEN abgeschickt werden.

Sie haben bereits kurz erfahren, dass Sie Posten, wie beispielweise Werbungskosten, geltend machen können. Damit Sie wissen, worum es sich dabei genau handelt, gibt es hier noch einen kleinen Überblick.

2.2 Werbungskosten (§ 16 EStG) bei Einkünften aus nicht selbstständiger Arbeit

Die Werbungskosten umfassen alle Ihre **Aufwendungen,** die mit dem Beruf zusammenhängen und nicht die private Lebensführung betreffen und **nicht von der Arbeitgeberin/vom Arbeitgeber getragen werden.**

Allen Arbeitnehmerinnen und Arbeitnehmern steht eine **Werbungskostenpauschale** in Höhe von **132,00 EUR** jährlich zu. Über diesen Pauschalbetrag hinaus können aber auch Aufwendungen, die bei Lohnsteuerpflichtigen durch die Berufsausübung entstehen und nicht von der Arbeitgeberin/vom Arbeitgeber ersetzt werden, als Werbungskosten von der Steuer abgesetzt werden. Sie werden mit dem Pauschalbetrag gegengerechnet.

Werbungskostenpauschale = wird bei allen Arbeitnehmern im Rahmen der Lohn- und Gehaltsabrechnung automatisch berücksichtigt. Er dient als Abgeltung für Werbungskosten, die nicht durch einen Beleg nachgewiesen werden können.

Es gibt aber auch Werbungskosten, die **nicht gegenverrechnet** werden. Man sollte sie daher unbedingt angeben, auch wenn sie weniger als 132,00 EUR ausmachen:

- Beiträge zu Berufsverbänden und Interessenvertretungen (z. B. Gewerkschaftsbeiträge)
- Selbst eingezahlte Sozialversicherungsbeiträge und die E-Card-Gebühren

1. **Pendlerpauschale, Pendlereuro:** Wurde bei der Arbeitgeberin/beim Arbeitgeber kein Antrag auf Pendlerpauschale gestellt, können diese auch in der Arbeitnehmerveranlagung geltend gemacht werden. Die Höhe des Pendlerpauschale bzw. -euros muss mit dem Pendlerrechner des Bundesministerium für Finanzen ermittelt werden.

Mehr zum Thema Pendlerpauschale finden Sie im Kapitel „Vom Bruttolohn zum Auszahlungsbetrag“.

2. **Aufwendungen für Arbeitsmittel:** alle Gegenstände, die zur Ausübung des Berufes verwendet werden und bei denen eine einwandfreie Trennung vom privaten Gebrauch möglich ist, z. B. Aktentasche, Fachliteratur, Büromaterial, Werkzeuge, Computer, Internet etc.

Mindestens **40 %** der Kosten gelten allerdings als **Privatanteil,** außer man kann glaubhaft belegen, dass man z. B. den Computer häufiger beruflich nutzt. Ab einem **Anschaffungswert** von 1.000,00 EUR muss man die Anschaffungskosten auf die Nutzungsdauer verteilen.

3. **Arbeitszimmer in der Wohnung:** Kosten nur für Teleworker (haben keinen fixen Arbeitsplatz im Unternehmen, arbeiten überwiegend von zu Hause aus) oder Heimarbeiter (z. B. Buchhalter, die zu Hause arbeiten) absetzbar. Es sind die auf die Größe des Arbeitszimmers im Verhältnis zur gesamten Wohnung anfallende
   - anteilige Miete (anteilige Abschreibung bei Eigentumswohnung/Haus),
   - anteilige Betriebskosten,
   - Abschreibung für Einrichtungsgegenstände auf Nutzungsdauer absetzbar.

4. **Reisekosten:** Ersetzt die Arbeitgeberin/der Arbeitgeber keine oder nur Teile der Kosten einer beruflich veranlassten Reise, so kann die Differenz als Werbungskosten geltend gemacht werden.

5. **Aus- und Fortbildungskosten sowie Umschulungskosten:** Voraussetzung ist, dass bereits ein Beruf ausgeübt wird bzw. eine Arbeitszusage nachgewiesen werden kann. Abzugsfähig sind nur berufstypische Aus- und Fortbildungskosten z. B.:

abzugsfähig	nicht abzugsfähig
Lehre mit Matura, Berufsreifeprüfung, Kursgebühren (z. B. für berufliche Fortbildung)	Sportkurse
Lkw-Führerschein für Berufsfahrer	B-Führerschein privat

Folgende Aufwendungen bei Kursbesuchen sind absetzbar: Kursgebühren, Kosten für Unterlagen, Reisekosten (Tagesgelder, Nachtigungsgelder, Kilometergeld, Fahrtkosten öffentlicher Verkehrsmittel)

6. **Arbeits-/Berufskleidung**

7. **Beruflich veranlasste Umzugskosten**

Leibrenten = gegen Zahlung einer lebenslangen Rente können Anlagen (auch ganze Unternehmen) verkauft werden.

Mehr zur steuerlichen Förderung der Energieeffizienz von Gebäuden erfahren Sie unter www.trauner.at/oeko-sonderausgabenpauschale.

2.3 Sonderausgaben (§ 18 EStG)

Sonderausgaben sind private Ausgaben (keine Betriebsausgaben oder Werbungskosten), größtenteils aus dem Bereich Investition oder Vorsorge. Sie sind steuerlich begünstigte Ausgaben, die bestimmte Investitionen fördern sollen. Dazu gehören:

1. Renten und dauernde Lasten, z. B. Leibrenten.
2. Steuerberatungskosten in unbeschränkter Höhe.
3. Verlustabzug: Bestimmte betriebliche Verluste aus Vorjahren können beschränkt mit 75 % des Gesamtbetrages der Einkünfte als Sonderausgaben abgezogen werden.
4. Ab dem Kalenderjahr 2022 können Ausgaben für die thermisch-energetische Sanierung von Gebäuden und Ausgaben für den Ersatz eines fossilen Heizungssystems durch ein klimafreundliches Heizungssystem („Heizkesseltausch") pauschal als Sonderausgaben abgezogen werden.

Aha!
Spenden, Kirchenbeiträge, Beiträge für die freiwillige Weiterversicherung und der Nachkauf von Versicherungszeiten werden im Rahmen der Veranlagung automatisch berücksichtigt.

2.4 Außergewöhnliche Belastungen

Außergewöhnliche Belastungen sind private Ausgaben, die zwangsläufig und außergewöhnlich sind und die die wirtschaftliche Leistungsfähigkeit wesentlich beeinträchtigen. Durch die Möglichkeit des Abzugs von außergewöhnlichen Belastungen soll der Steuerpflichtige begünstigt werden.

Außergewöhnlich sind solche Belastungen, die eine Mehrzahl der Steuerpflichtigen nicht treffen (z. B. Aufwendungen für Behinderungen). Sie müssen zwangsläufig unvermeidbar sein, z. B. Aufwendungen für die Beseitigung von Katastrophenschäden. Außerdem müssen solche Aufwendungen die wirtschaftliche Leistungsfähigkeit wesentlich beeinträchtigen.

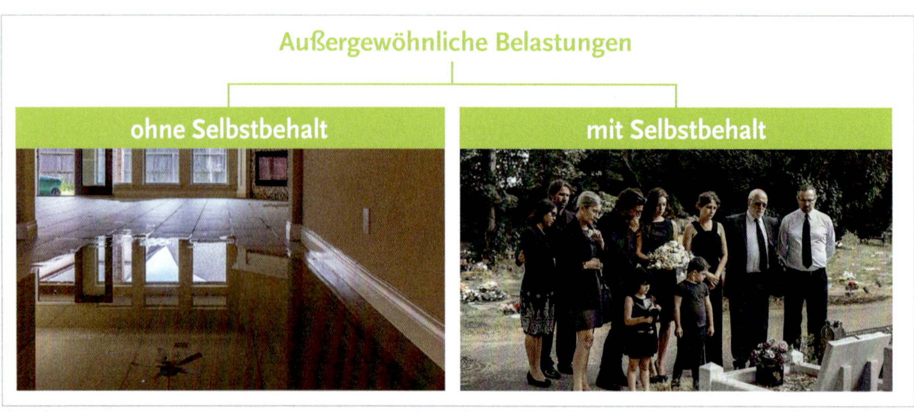

Außergewöhnliche Belastungen ohne Selbstbehalt können in voller Höhe abgesetzt werden, das sind Aufwendungen/Ausgaben für:

1. Beseitigung von Katastrophenschäden,
2. auswärtige Berufsausbildung von Kindern, deren Ausbildungsort mehr als 80 Kilometer vom Wohnort entfernt ist (110,00 EUR Freibetrag monatlich),
3. eigene Behinderung,

Außergewöhnliche Belastungen mit Selbstbehalt können nur mit dem Betrag abgesetzt werden der den Selbstbehalt übersteigt.

Einkommen (Gesamtbetrag der Einkünfte abzüglich Sonderausgaben)	Selbstbehalt
bis zu € 7.300,00	6 %
> € 7.300,00 bis € 14.600,00	8 %
> € 14.600,00 bis € 36.400,00	10 %
> € 36.400,00	12 %

- Abzüglich 1 % bei Alleinverdiener-/Alleinerzieherabsetzbetrag,
- abzüglich 1 % pro Kind.

Beispiele: außergewöhnliche Belastungen mit Selbstbehalt
Krankheitskosten, Kurkosten, Begräbniskosten bis zu 5.000,00 EUR, Kosten für ein Grab bis zu 5.000,00 EUR u. a.

Vorauszahlungen < Einkommensteuerschuld = **Abschlusszahlung**
Vorauszahlung > Einkommensteuerschuld = **Gutschrift**

2.5 Familienbonus Plus

Der Familienbonus Plus ist ein Absetzbetrag, der auf Antrag gewährt wird. Er kann monatlich über die Lohnverrechnung oder jährlich über die Arbeitnehmer/innenveranlagung berücksichtigt werden.

Der Familienbonus plus beträgt für jedes Kind

- bis zum 18. Geburtstag € 2.000,16 pro Jahr (monatlich 166,68) und für Kinder
- über 18 Jahre 700,08 EUR pro Jahr (58,34 EUR monatlich).

⚠ Dieser Absetzbetrag wird nicht auf die Negativsteuer angerechnet. Das betrifft vor allem geringverdienende Alleinerzieher bzw. Alleinverdiener.

Eltern haben Wahlfreiheit
Durch die Wahlfreiheit haben die Eltern den Spielraum, den Steuervorteil optimal zu nützen. Bei mehreren Kindern können Sie auch entscheiden, welche Variante für welches Kind gewählt wird.

Beispiel:

- Ein Elternteil beantragt 100 %
- Beide Elternteile beantragen je 50 %

Aha!
Den vollen Bonus können Arbeitnehmer/innen ab einem Bruttobezug von monatlich ca. 3.200,00 EUR voll ausschöpfen. Die Aufteilung zwischen den Eltern wird daher in vielen Fällen ein Vorteil sein.

2.6 Absetzbeträge

Absetzbeträge werden für bestimmte persönliche Verhältnisse gewährt (z. B. für Alleinverdiener/-erzieher). Im Gegensatz zu Sonderausgaben und außergewöhnlichen Belastungen mindern sie direkt die Steuer, weil sie nach Anwendung der Steuerberechnung abgezogen werden. Folgende Absetzbeträge können berücksichtigt werden:

Verkehrsabsetzbetrag

- bei bestehendem Dienstverhältnis,
- Höhe: 463,00 EUR jährlich, wird bei der Lohnverrechnung automatisch berücksichtigt.
- Bei geringem Einkommen erhöht sich der Absetzbetrag um weitere 752,00 EUR (= Zuschlag).

Aha!
Nach Abgabe eines Antrags auf Arbeitnehmerveranlagung erlässt das Finanzamt bei der Geltendmachung von Sonderausgaben, Werbungskosten und außergewöhnlichen Belastungen einen sogenannten **Freibetragsbescheid.** Legt man diesen Bescheid dem Dienstgeber vor, kann dieser den dort angeführten monatlichen Freibetrag bei der laufenden Lohnverrechnung berücksichtigen. Dadurch zahlt man bereits während des Jahres weniger Steuern.

Alleinverdiener-/Alleinerzieherabsetzbetrag:
Alleinverdiener ist jemand dann, wenn er mehr als sechs Monate im Kalenderjahr entweder verheiratet oder mit einem Partner und mindestens einem Kind zusammenlebt und der (Ehe-)Partner nicht mehr als 6.937,00 EUR mit mindestens einem Kind Jahreseinkünfte erzielt.

- Höhe des Alleinverdiener-/Alleinerzieherabsetzbetrages (2024):
  - mit einem Kind € 47,67 pro Monat
  - mit zwei Kindern € 64,50 pro Monat
  - mit drei Kindern € 85,75 pro Monat
  - für jedes weitere Kind € 21,25 pro Monat
- Berücksichtigung durch Antrag beim Arbeitgeber oder in der Arbeitnehmerveranlagung.

Unterhaltsabsetzbetrag (2024)

- Für Kinder, die nicht im gemeinsamen Haushalt leben und für die Unterhalt bezahlt werden muss (uneheliche Kinder, Kinder aus geschiedenen Ehen)
- Höhe: für das erste Kind € 34,00 pro Monat,
  für das zweite Kind € 51,65 pro Monat,
  für jedes weitere Kind € 68,14 pro Monat,
- Berücksichtigung in der Steuererklärung.

3 Automatische, antraglose Arbeitnehmerveranlagung

Eine Arbeitnehmerveranlagung für das abgelaufene Jahr wird ohne Antrag vom Finanzamt automatisch durchgeführt, wenn folgende Voraussetzungen vorliegen:

- Durch den/die Steuerpflichtige/n wurde bis 30. Juni kein Antrag auf Arbeitnehmerveranlagung gestellt.
- Nach der Berechnung des Finanzamtes ist eine Steuergutschrift zu erwarten.
- Die Bankverbindung der/des Steuerpflichtigen ist dem Finanzamt bekannt.

Sofern die Voraussetzungen für eine automatische Veranlagung gegeben sind, diese aber nicht durchgeführt werden soll, sollte der Antrag zur Arbeitnehmerveranlagung bis 30. Juni des Folgejahres seitens des Steuerpflichtigen bzw. der Steuerpflichtigen eingebracht werden.

Achtung!
Da das Finanzamt die Werbungskosten im Rahmen der automatischen, antraglosen Veranlagung nicht berücksichtigen kann, müsste in der Folge gegen den Bescheid des Finanzamtes Beschwerde eingereicht und ein Antrag auf Wiederaufnahme des Verfahrens gestellt werden.

4 Erstattung der Sozialversicherung (Negativsteuer)

Arbeitnehmer/innen, die aufgrund ihres geringen Einkommens keine Lohnsteuer bezahlen, erhalten im Rahmen der Arbeitnehmerveranlagung bis zu 55 % der bezahlten Sozialversicherung, rückerstattet.

Das ist für Lehrlinge wichtig!

Die Rückerstattung beträgt für Arbeitnehmer/innen im Jahr 2023

- maximal 421,00 EUR,
- maximal 526,00 EUR, wenn Anspruch auf ein Pendlerpauschale besteht und
- maximal 684,00 EUR, wenn der Zuschlag zum Verkehrsabsetzbetrag gewährt wird.

Die Rückerstattung beträgt für Arbeitnehmer/innen im Jahr 2024

- maximal 463,00 EUR,
- maximal 579,00 EUR, wenn Anspruch auf ein Pendlerpauschale besteht und
- maximal 752,00 EUR, wenn der Zuschlag zum Verkehrsabsetzbetrag gewährt wird.

Übungen – „Arbeitnehmerveranlagung"

1. Sarah und Simone haben heute in der Schule erfahren, dass Sie Geld vom Finanzamt zurückbekommen können. Die beiden sind schon ganz aufgeregt und wollen das zu Hause gleich einmal ausprobieren. Welche Möglichkeiten haben die beiden Mädchen?

2. Ihr Onkel hat erfahren, dass Sie in der Berufsschule mit dem Thema Arbeitnehmerveranlagung zu tun gehabt haben. Daher bittet er Sie, diese mit ihm online durchzuführen und ihm zu helfen.

a) Er möchte Ausgaben für eine berufliche Fortbildung steuerlich absetzen. Unter welche Kategorie würde das fallen?

☐ Sonderausgaben ☐ Werbungskosten ☐ Außergewöhnliche Belastung

b) Nachdem alle Daten eingegeben wurden, wird Ihr Onkel kurz unterbrochen. Beim Wiedereinstieg sind keine Daten vorhanden. Was hat er falsch gemacht?

☐ Er hätte gar nicht unterbrechen dürfen.

☐ Er hat vergessen, die Daten zu speichern.

c) Ein Kollege hat Ihrem Onkel erzählt, dass Spenden und Kirchenbeiträge dem Finanzamt von den jeweiligen Einrichtungen automatisch gemeldet werden. Hat der Kollege recht?

☐ Ja ☐ Nein

d) Ihr Onkel hat gehört, dass er, sofern er über eine Handysignatur verfügt, keine Zugangsdaten für FinanzOnline benötigt. Ist das richtig?

☐ Ja ☐ Nein

3. Frau Koller arbeitet in zwei Boutiquen jeweils 20 Stunden pro Woche und verdient monatlich insgesamt rund 2.000,00 EUR brutto. Sie freut sich, weil sie bei keinem der beiden Arbeitgeber Lohnsteuer bezahlt. Welche der folgenden Aussagen ist richtig?

☐ Frau Koller braucht wirklich keine Lohnsteuer bezahlen.

☐ Frau Koller muss verpflichtend eine Arbeitnehmerveranlagung machen und eventuell Lohnsteuer nachzahlen.

4. In einem Unternehmen sind zwei Lehrlinge, Anna und Simon, beschäftigt. Anna hat im abgelaufenen Kalenderjahr Sozialversicherungsbeiträge in Höhe von 1.261,60 EUR bezahlt. Simon hat seine Lehre im September begonnen und hat bis Jahresende Sozialversicherungsbeiträge in Höhe von 389,40 EUR geleistet. Welche Negativsteuer können Anna und Simon im Folgejahr vom Finanzamt erwarten? Keiner der beiden Lehrlinge hat Anspruch auf Pendlerpauschale.

Anna: € ______________ Simon: € ______________

Wissenscheck – „Arbeitnehmerveranlagung"

1. Beschreiben Sie den Zweck der Arbeitnehmerveranlagung.
2. Für wie viele Jahre rückwirkend kann die ANVA durchgeführt werden? ☐ 3 ☐ 5 ☐ 7 ☐ 9
3. Erklären Sie den Begriff Negativsteuer und die Bedeutung dieser für Lehrlinge.
4. Geben Sie die Internetadresse für FinanzOnline an.

Ziele erreicht? – „Arbeitnehmerveranlagung"

KOMPETENZ-ERWERB

Sie haben nun das Kapitel „Arbeitnehmerveranlagung" durchgearbeitet und die Übungen gelöst. Nehmen Sie sich kurz Zeit und überlegen Sie sich, über welche Kompetenzen Sie nun in welchem Ausmaß verfügen. Überprüfen Sie auch Ihre persönlichen Lernziele, die Sie eingangs formuliert haben.

Ziele	🙂	😐	🙁
▪ Ich kann Möglichkeiten zur Durchführung der Arbeitnehmerveranlagung aufzählen.			
▪ Ich kann eine Arbeitnehmerveranlagung online durchführen.			
▪ Ich kann den Begriff Sozialversicherungs-Erstattung (Negativsteuer) erklären.			
▪ Ich kann ermitteln, wie viel Arbeitnehmer/innen mit geringem Einkommen an Negativsteuer vom Finanzamt erstattet bekommen.			
▪ Mein persönliches Ziel ______________			
▪ Mein persönliches Ziel ______________			
▪ Mein persönliches Ziel ______________			

Anhang

Datenblatt Personalverrechnung für Gewerbe - gültig ab 1. Jänner 2024

Sozialversicherung für Arbeiter und Angestellte (Normalfall)

Sozialversicherungspflichtiger Bruttobezug und Beiträge		Sozialversicherung	Aktueller Stand:
bis € 1.951,00	PV = 10,25 %, KV = 3,87 % AV = 0 %, KU/WF = 1,0 %	15,12 %	
über € 1.951,00 bis € 2.128,00	PV = 10,25 %, KV = 3,87 % AV = 1 %, KU/WF = 1,0 %	16,12 %	
über € 2.128,00 bis € 2.306,00	PV = 10,25 %, KV = 3,87 % AV = 2 %, KU/WF = 1,0 %	17,12 %	
über € 2.306,00	PV = 10,25 %, KV = 3,87 % AV = 2,95 %, KU/WF = 1,0 %	18,07 %	

Sozialversicherung für Lehrlinge

Lehrlingseinkommen		Sozialversicherung	Aktueller Stand:
bis € 1.951,00	PV = 10,25 %, KV = 1,67 % AV = 0 %	11,92 %	
über € 1.951,00 bis € 2.128,00	PV = 10,25 %, KV = 1,67 % AV = 1 %	12,92 %	
über € 2.128,00	PV = 10,25 %, KV = 1,67 % AV = 1,15 %	13,07 %	

SV - Höchstbeitragsgrundlage	Stand: 2024	Aktueller Wert: 20..
Lfd. Bezug	€ 6.060,00 (monatlich)	
Sonderzahlung	€ 12.120,00 (jährlich)	

Pendlerpauschale

Entfernung	Kleines Pauschale	Großes Pauschale	Pendlereuro
	2024	2024	Pro Jahr: € 2,00 je km
2 - 20 km	€ 0,00	€ 31,00	
20 - 40 km	€ 58,00	€ 123,00	
40 - 60 km	€ 113,00	€ 214,00	
über 60 km	€ 168,00	€ 306,00	

Gewerkschaftsbeitrag	2024	aktuell:
Höhe: 1 % der laufenden Bezüge, maximal ...	€ 38,70	

Effektiv-Tarif-Tabelle ab 1. Jänner 2024

von	bis	Grenz-steuersatz %	OHNE AVA	MIT AVA und 1 Kind	Mit AVA und 2 Kinder	Mit AVA und 3 Kinder	Weitere Kinder
1.079,01	1.745,83	20,0%	254,383	302,050	318,883	340,133	Absetzbetrag für 3 Kinder + 21,250 je weiteres Kind
1.745,84	2.887,08	30,0%	428,967	476,634	493,467	514,717	
2.887,09	5.562,00	40,0%	717,675	765,342	782,175	803,425	
5.562,01	8.283,17	48,0%	1.162,635	1.210,302	1.227,135	1.248,385	
8.283,18	[1] 83.344,33	50,0%	1.328,298	1.375,965	1.392,798	1.414,048	

[1] Ab diesem Betrag beträgt der Grenzsteuersatz 55 %.

Mehr- und Überstundenteiler

Mehrstunden (Arbeiter und Angestellte Metallindustrie)	143
Überstundenteiler Angestellte Metallindustrie, Gewerbe	143

Weitere Mehr- und Überstundenteiler sind in den Kollektivverträgen ersichtlich.

Mehrarbeits- und Überstundenzuschläge – Steuerpflicht

Zuschlag 50 %	Die ersten 18 Überstundenzuschläge 50 % im Monat sind bis zum Betrag von maximal € 200,00 steuerfrei; weitere 50%ige Zuschläge unterliegen der normalen Lohnsteuer. Diese Regelung gilt voraussichtlich nur in den Jahren 2024/25.
Zuschlag 100 %	100%ige Zuschläge für Sonntags- und Feiertagsarbeit, sowie für Nachtarbeit sind bis 400,00 EUR steuerfrei(bei überwiegender Nachtarbeit bis 600,00 EUR).

Sachbezugsbewertung

Privatnutzung des Firmenfahrzeuges (Ab 1. April 2020 gilt für Neufahrzeuge eine neue Regelung)	**2,0 %** des AW, max. € 960,00 mtl. unter 500 km Privatfahrten mtl.: 1,0 % des AW, max. € 480,00 mtl. Sachbezugswert = **1,5 %** und höchstens € 720,00, wenn das Fahrzeug im Anschaffungsjahr den jeweils geltenden Wert für den CO_2-Ausstoß nicht überschreitet.

Max. CO_2 Ausstoß/km	2020	2021	2022	2023	2024	2025
	141 g	138 g	135 g	132 g	129 g	126 g

(unter 500 km Privatfahrten mtl.: 0,75 % des AW und max. 360,00 €)
Fahrzeuge ohne CO_2- Ausstoß (Elektrofahrzeuge): kein Sachbezug

Lohnsteuer für sonstige Bezüge

- Der Betrag von € 620,00 pro Jahr ist steuerfrei.
- Der Restbetrag ist mit folgenden Steuersätzen zu versteuern:
  - für die nächsten € 24.380,00 - 6%
  - für die nächsten € 25.000,00 - 27%
  - für die nächsten € 33.333,00 – 35,75%
  - Bezüge über € 83.333,00 werden zum Lohnsteuertarif besteuert.
- Bei J/6-Überschreitung: Betrag der normalen Lohnsteuerbemessungsgrundlage hinzurechnen.
- Die Besteuerung der sonstigen Bezüge unterbleibt, wenn das Jahressechstel den Betrag von € 2.100,00 nicht übersteigt.
- Sonderregelungen gelten für sonstige Bezüge über € 25.000,00 innerhalb des Jahressechstels.

Dienstgeberanteil zur Sozialversicherung	Stand: 1. Jänner 2024	Aktueller Wert: 20..
PV 12,55 %, KV 3,78 %, UV 1,1 %, AV 2,95 %	20,38 %	

Sonstige Dienstgeberanteile	Stand: 1. Jänner 2024	Aktueller Wert: 20..
Wohnbauförderungsbeitrag (WF)	0,50 %	
Zuschlag nach dem Insolvenzsicherungsgesetz (IE)	0,10 %	
Beitrag zur Mitarbeitervorsorge (MV)	1,53 %	

Abgaben an das Finanzamt	Stand: 1. Jänner 2024	Aktueller Wert: 20..
Dienstgeberbeitrag zum Ausgleichsfonds für Familienbeihilfe (DB)	3,7 %	
Zuschlag zum Dienstgeberbeitrag (DZ) - je nach Bundesland (siehe Lehrbuch Seite 55)	...... %	

Abgaben an die Gemeinde	Stand: 1. Jänner 2024	Aktueller Wert: 20..
Kommunalsteuer (KommSt)	3,0 %	
Wiener U-Bahn-Steuer (je Arbeitnehmer/in und angefangene Woche)	€ 2,00	

Begünstigung für Kleinbetriebe: Gilt für DB, DZ, KommSt

Übersteigt die Bemessungsgrundlage im Kalendermonat nicht den Betrag von € 1.460,00, so verringert sie sich um € 1.095,00.

Berechnungsschema Nettolohnberechnung

	Teiler	Anzahl	Betrag (€)	SV-pflichtig (€)	LSt-pflichtig (€)
Grundlohn					
+ Mehrarbeitsgrundlohn					
+ Mehrarbeitszuschlag					
+ Überstundengrundlohn					
+ Überstundenzuschlag 50 %					
+ Überstundenzuschlag 100 % frei					
+ Überstundenzuschlag 100 % pfl.					
+ Zulagen					
Bruttoeinkommen					
– SV-Beitrag				– SV	
– Wohnbauförderungsbeitrag				– WF	
– Arbeiterkammerumlage				– KU	
– Lohnsteuer				– Freibetrag	
– Gewerkschaftsbeitrag				– Pendlerp.	
Nettolohn (Auszahlungsbetrag)				– Gewerkschaft	
				– Sachbezug	
				LSt-BMGL	

	Teiler	Anzahl	Betrag (€)	SV-pflichtig (€)	LSt-pflichtig (€)
Grundlohn					
+ Mehrarbeitsgrundlohn					
+ Mehrarbeitszuschlag					
+ Überstundengrundlohn					
+ Überstundenzuschlag 50 %					
+ Überstundenzuschlag 100 % frei					
+ Überstundenzuschlag 100 % pfl.					
+ Zulagen					
Bruttoeinkommen					
– SV-Beitrag				– SV	
– Wohnbauförderungsbeitrag				– WF	
– Arbeiterkammerumlage				– KU	
– Lohnsteuer				– Freibetrag	
– Gewerkschaftsbeitrag				– Pendlerp.	
Nettolohn (Auszahlungsbetrag)				– Gewerkschaft	
				– Sachbezug	
				LSt-BMGL	

Stichwortverzeichnis

Bildnachweis

Honorarfrei zur Verfügung gestellt

S. 12 Logo ÖGK
S. 34 Logo OGB

Rechteinhaber unbekannt

S. 11 Lohntabelle für metallerzeugende und –verarbeitende Industrie
S. 11 Kollektivvertrag Metallgewerbe
S. 15 Muster Dienstzettel

Alle weiteren Bilder und Grafiken sind Eigentum der TRAUNER Verlag + Buchservice GmbH bzw. wurden von Bildagenturen zugekauft (stock.adobe.com, shutterstock.com).